MARCELLIN PELLET

NAPOLÉON

A L'ILE D'ELBE

PARIS
G. CHARPENTIER ET Cie, ÉDITEURS
11, RUE DE GRENELLE, 11

1883

NAPOLÉON
A L'ILE D'ELBE

OUVRAGES DU MÊME AUTEUR :

Elysée Loustallot et les Révolutions de Paris, 1 vol. in-18. Paris, A. Le Chevalier, éditeur, 1872.

Un Journal royaliste en 1789. Les Actes des Apôtres, 1 vol. in-18. Paris, A. Le Chevalier, éditeur, 1873.

Le Général Championnet et le Livre du soldat français, 1 vol. in-8° avec soixante dessins reproduits par la photogravure. Paris, Quantin, éditeur, 1885.

Variétés Révolutionnaires, 2 vol. in-18 de la *Bibliothèque d'histoire contemporaine*. Paris, Félix Alcan, éditeur, 1885-1887.

Théroigne de Méricourt, étude historique avec deux portraits et un fac simile d'autographe, 1 vol. in-18 sur Hollande. Paris, A. Quantin, éditeur, 1886.

Imprimerie DESTENAY, Saint-Amand (Cher).

NAPOLÉON
A
L'ILE D'ELBE

— MÉLANGES HISTORIQUES —

PAR

Marcellin Pellet

ANCIEN DÉPUTÉ

PARIS

G. CHARPENTIER ET Cie, ÉDITEURS

11, RUE DE GRENELLE, 11

1888

Tous droits réservés

AVANT-PROPOS

L'*Histoire de la Campagne de* 1815 du colonel Charras, les livres de Barni, l'*Histoire de Napoléon* de Lanfrey, l'*Histoire du XIXe siècle* de Michelet, les savantes recherches du général Iung, la publication récente de M. Taine que le prince Jérôme Bonaparte a essayé de réfuter, ont mis en pleine lumière la figure de l'incomparable soldat dont la gloire militaire a coûté, en fin de compte, si cher à la France. On composerait une bibliothèque rien qu'avec les ouvrages consacrés depuis vingt ans au premier empire, sans compter les *Mémoires* inédits enfin livrés à notre curiosité. Voici encore un travail sur Napoléon. C'est un des derniers chapitres de sa vie que nous avons voulu écrire, en tirant parti d'un dépôt de documents inexploré que les circonstances ont mis à notre disposition. La relégation à l'île d'Elbe a été racontée plusieurs fois, mais personne jusqu'ici n'avait étudié sur place cette intéressante période de notre histoire contemporaine. Nous avons recherché les témoignages locaux, en interrogeant les lieux où se sont conservés tant de souvenirs, tant de traditions orales. traditions si vivantes encore à Porto-Ferrajo, qui n'a pas changé d'aspect depuis 1815, et où l'on se croirait toujours au lendemain du départ pour le golfe Juan.

Nous avons joint à cette étude un volumineux dossier de pièces justificatives. On y remarquera surtout le journal d'un agent secret du gouvernement de Louis XVIII, qui nous introduit dans la société des réfugiés, nous faisant écouter avec lui les conversations des familiers de l'Empereur et des étrangers accourus à l'île d'Elbe de tous les points de l'Europe. C'est l'opinion publique de Porto-Ferrajo, l'opinion de la cour et de la ville, cour et ville minuscules, gardant mal leurs secrets, qu'un espion intelligent et infatigable nous révèle par ses rapports quotidiens. Ces rapports donnent au plus haut point la sensation de la réalité et de la vie. La couleur locale n'y manque pas ; ils éclairent l'exil à l'île d'Elbe d'un jour tout nouveau, singulièrement crû. Les amateurs d'études historiques, un peu las des *Mémoires* trop travaillés et trop littéraires, écrits presque toujours par des témoins qui posent, s'ils ne mentent pas, verront sans doute avec plaisir publiées *in extenso* ces notes d'un *reporter* qui a cherché simplement à photographier tout ce qui se présentait à sa vue, sans la moindre arrière-pensée de faire du zèle ni de plaire à ceux qui devaient lire ses rapports, toujours franc et parfois un peu cynique, ainsi que le comportait son métier [1].

[1] Nous sommes heureux de payer une double dette de reconnaissance en inscrivant ici le nom de M. Eugène Janer, conservateur de la *Biblioteca Labronica* à Livourne, dont les indications nous ont été précieuses, et celui de notre ami M. Georges Calipé, de la Bibliothèque de la Chambre des Députés, qui a bien voulu faire à notre intention de nombreuses recherches dans les collections du Palais-Bourbon.

NAPOLÉON A L'ILE D'ELBE

Mai 1814 — Février 1815

I

L'île d'Elbe et l'archipel Toscan. — Traité de Fontainebleau. — Les Commissaires de la Sainte-Alliance. — Le colonel Campbell. — Arrivée de Napoléon à Porto-Ferrajo. — Accueil des autorités. — Tournoi de platitude. — Installation provisoire. — L'armée et les finances Elbaines. — Travaux d'édilité. — La *palazzina dei Mulini* Réceptions. — Le jeu de l'Empereur. — *San Marti* — L'ermitage de *Marciana*. — Une visite mystérie..se. — Madame Walewska.

En longeant la côte de Toscane dans la direction du sud, après avoir laissé à gauche, en vue de Livourne, l'écueil de la Meloria où la flotte génoise écrasa en 1284 la flotte pisane commandée par le comte Ugolino della Gherardesca, (l'Ugolin de l'*Enfer* du Dante), et à droite l'îlot de la Gorgone, puis l'île de Capraja qui se profile en gris foncé sur le gris clair du cap Corse, on se trouve en face d'une terre montagneuse parallèle à l'horizon, perpendiculaire à l'Italie, qui semble barrer la route. C'est l'île d'Elbe.

Elle n'est séparée de Piombino que par un étroit bras de mer où le vent, d'où qu'il vienne, libeccio, sirocco ou mistral, souffle généralement avec violence ; aussi ce canal, embarrassé encore par les îlots des Rats, de Palmajola, de Cerboli et par quelques écueils, est-il justement redouté des marins.

L'île mesure vingt-neuf kilomètres de longueur sur une dizaine de large. C'est une simple chaîne de montagnes, d'une richesse métallurgique fameuse dès l'antiquité la plus reculée, surtout du côté de Rio, à la pointe qui regarde l'Italie. Le massif du mont Capanna, à l'extrémité opposée, vers la Corse, est le plus élevé et dépasse mille mètres d'altitude. La partie intermédiaire de l'île, correspondant au golfe de Porto-Ferrajo, est relativement déprimée. Ce golfe semblable à l'arène d'un cirque, est célèbre par sa beauté pittoresque, par l'étendue et la sûreté de son mouillage. A droite, en franchissant la passe, on voit sur une crête qui la domine les forts *Stella* et *Falcone*. On tourne toujours à droite, en doublant la pointe de la Linguella occupée par le « bagne pénal », et on a vite atteint une tour d'angle, basse, peinte en rose, dont la forme originale rappelle celle d'un gobelet à vin du Rhin. C'est dans cette tour qu'est gardé au secret le plus absolu, avec un luxe de précautions inusité depuis le Masque de fer, le régicide Passanante, qui blessa grièvoment M. Cairoli à Naples, en voulant frapper le roi Humbert, le 17 novembre 1878. La tour rose dépassée, on entre dans le port, exposé en plein midi. Porto-Ferrajo est tout entouré de hautes murailles percées d'une porte en face de la jetée. Ces fortifications, construites par l'ingénieur J. B. Belluzzi de Saint Marin, furent imposées à Côme Ier par Charles-Quint, pour défendre l'île contre les flottes françaises. La petite ville s'élève en amphithéâtre, ayant peine à contenir ses quatre mille habitants. Du côté gauche, un large fossé avec pont-levis la sépare de la terre ferme et en fait une île véritable.

L'article 3 du traité signé à Fontainebleau le 11 avril 1814 donnait l'île d'Elbe à Napoléon « pour former, sa vie durant, une principauté séparée qui sera possédée par lui en toute propriété et souveraineté », avec un revenu annuel de deux millions sur le grand livre de France, plus deux millions et demi de dotation aux membres de sa famille. L'Empereur, après avoir réglé cette affaire avec les représentants de l'Autriche, de la Prusse et de la Russie, quitta Fontainebleau le 21 avril ; il dut traverser la Provence en uniforme autrichien, pour se soustraire aux insultes des populations royalistes [1]. A Or-

---

[1] A propos de ce déguisement, voici une anecdote peu connue, racontée par M. David Silvagni dans un livre des plus intéressants, justement au point de vue anecdotique. Le 26 avril, Napoléon, traversant la Provence, alla voir Pauline Borghèse, malade, dans une villa qu'elle avait louée au député Charles, au Boulidou, près d'Orgon. Voyant son

gon, sa vie fut menacée. Quatre commissaires de la Sainte Alliance accompagnaient l'Empereur déchu afin de le protéger. C'étaient : pour la Russie, le comte de Schouvaloff ; pour l'Autriche, le général Koller ; pour la Prusse, le comte de Waldebourg-Truchsess ; enfin, pour l'Angleterre, le colonel Campbell. Il faut dire un mot de ce dernier, dont nous aurons souvent à parler au cours de ce récit. Sir Neil Campbell appartenait à une ancienne famille noble d'Ecosse dont le nom a figuré naguère dans un procès scandaleux et retentissant. Il servit dans les guerres de l'Empire, et fit en 1814 la campagne de France. Le 25 mars, à la Fère Champenoise, il fut assez grièvement blessé par un cosaque intelligent qui le prit pour un officier français à l'entendre parler notre langue. A peine sur pied, Campbell reçut de son gouvernement l'ordre de se rendre à Fontainebleau (il avait encore le bras en écharpe et un bandeau au front), et fut chargé d'accompagner Napoléon à l'île d'Elbe, « Vous témoignerez, lui disait lord Castlereagh dans ses instructions particulières, autant que les circonstances le permettront, tous les égards et toutes les attentions convenables à Napoléon. S. A. R. le prince Régent désire qu'il trouve

---

frère en uniforme autrichien, Pauline refusa de l'embrasser jusqu'à ce qu'il eût changé de costume. Elle se jeta ensuite dans ses bras, lui prodigua ses consolations et le garda auprès d'elle un jour et demi. Elle lui proposa de l'accompagner immédiatement à l'île d'Elbe. (*La Corte e la società romana nei secoli XVIII e XIX.* — Roma, 1885, t. III, p. 61.)

asile, sécurité et protection dans son île. » L'Empereur reçut le colonel anglais avec une bienveillance qui ne devait pas se démentir, et qui excita la jalousie des autres commissaires moins bien partagés [1]. Horace Vernet dans son fameux tableau des *Adieux de Fontainebleau* a réservé une place à Campbell, au premier plan à droite. On le reconnaît au bandeau qui enveloppe son front.

Napoléon s'embarqua à Fréjus le 28 avril au soir, accompagné de ses fidèles, et escorté de Koller et de Campbell, sur la frégate anglaise l'*Undaunted*. La traversée dura cinq jours, retardée d'abord par des vents contraires, ensuite par un calme plat. Au milieu de la route, l'*Undaunted* croisa un autre vaisseau anglais

---

[1] Campbell a laissé un intéressant journal publié seulement en 1869 par un de ses neveux, *Napoléon at Fontainebleau and Elba (1814-1815) by the late major general Neil Campbell*, in-8° 1869, Londres chez John Murray. M. Amédée Pichot publia peu après dans la *Revue Britannique*, la traduction des passages les plus importants de ces Mémoires, et il les a réimprimés avec d'autres pièces d'origine anglaise, sous ce titre : *Napoléon à l'Ile d'Elbe, chronique des événements de 1814 et 1815 d'après le journal du colonel sir Neil Campbell et autres documents inédits ou peu connus*. Paris in-8°, Dentu, éditeur, 1873. Nous ferons quelques emprunts à cette publication, dans laquelle le colonel Campbell a noté les moindres incidents de sa vie à cette époque, et ses conversations avec l'Empereur.

Ajoutons que le comte de Waldebourg-Truchsess, commissaire prussien, a publié en 1815 une *Relation de l'itinéraire de Napoléon de Fontainebleau à l'Ile d'Elbe*, avec une suite d'après les notes du général Koller. Truchsess en effet s'était arrêté à Fréjus, de même que Schouvaloff. Il ne pouvait raconter *de visu* la fin du voyage.

qui ramenait de Cagliari le roi de Sardaigne Victor Emmanuel Ier dans ses états de terre ferme¹. Le 3 mai, dans la soirée, on arriva en rade de Porto-Ferrajo. Immédiatement le général Drouot accompagné des commissaires étrangers alla à terre prendre au nom de Napoléon possession de l'île que lui livra le général français Dalesme, commandant pour Louis XVIII. L'empereur, en quittant Fontainebleau, avait adressé à Dalesme, la lettre suivante :

« Général,

« Les circonstances m'ont porté à renoncer au trône de France, sacrifiant mes droits au bien et à l'intérêt de la patrie. Je me suis réservé la souveraineté de l'île d'Elbe, des ports de Porto-Ferrajo et de Longone, avec le consentement de toutes les puissances. Je vous envoie le général Drouot pour que vous lui fassiez la remise de l'île et de tout ce qui appartient à mon domaine impérial. Vous ferez connaître aux habitants le choix que j'ai fait de leur île, en considération de la douceur de leur caractère et du climat. Ils seront l'objet constant de mon plus vif intérêt. Je prie Dieu, général, qu'il vous ait en sa sainte garde. »

« NAPOLÉON. »

Conformément au vœu de l'Empereur, le général Dalesme avait communiqué cette lettre

---

¹ *Gallenga, Storia del Piemonte*, II, 487.

aux Elbains en l'insérant dans une proclamation en date du 30 mars, où il leur disait :

« Les vicissitudes humaines ont conduit l'Empereur au milieu de vous, et son propre choix a fait de lui votre souverain. Avant d'entrer dans vos murs, votre auguste et nouveau monarque m'a adressé les paroles suivantes... (*suit la lettre reproduite ci-dessus*)... Elbains, l'Empereur vous a bien jugés ; je vous dois ce témoignage et je vous le rends ; je m'éloignerai bientôt de vous. Cet éloignement me sera sensible, parce que je vous aime sincèrement, mais l'idée de votre félicité adoucit l'amertume de mon départ. En quelque lieu que je sois, je me rapprocherai encore de cette île, en pensant aux vertus de ses habitants, et en faisant des vœux en leur faveur... »

Des députations officielles vinrent saluer l'Empereur à bord, mais il ne se hâta pas de mettre pied à terre. On eût dit qu'il craignait de se trouver trop à l'étroit sur cet îlot, et d'y étouffer. Le 4 au matin, il débarqua incognito dans le fond de la baie, avec le capitaine Usher, commandant de l'*Undaunted*, le colonel Campbell et le maréchal Bertrand. Les paysans croyant que tous ces personnages étaient des officiers anglais, les reçurent par des acclamations. Napoléon ne put se tromper sur leur sens, particulièrement blessant pour lui.

L'Empereur revint à bord[1] pour débarquer

---

[1] La comtesse d'Albany écrivait à Ugo Foscolo le 31 mai

officiellement à onze heures, salué par les cloches, par les canons anglais et les batteries des forts, en déployant son nouveau pavillon elbain, blanc coupé par une bande diagonale rouge, avec trois abeilles d'or. C'était, aux abeilles impériales près, un ancien pavillon toscan. Napoléon l'avait fait confectionner par le tailleur de la frégate anglaise, pendant la traversée. Dès le matin, le sous-préfet Balbiani, qui ne voulait pas se laisser distancer par le général Dalesme, avait lui aussi publié à son de trompe le manifeste suivant :

« Elbains,

« Le plus heureux événement qui pût jamais illustrer l'histoire de l'île d'Elbe, s'est réalisé hier.

« Notre auguste souverain, l'Empereur Napoléon, est arrivé au milieu de nous. Donnez libre cours à la joie qui doit inonder vos âmes! Vos vœux sont accomplis et le bonheur de l'île assuré.

« Écoutez les premières paroles mémorables qu'Il a daigné vous adresser en parlant aux fonctionnaires qui vous représentent : *je serai pour vous un bon père, soyez pour moi de bons fils !*

1814, au sujet de l'Empereur : « Il a bien montré, depuis qu'il est dans son île, qu'il est plus vain qu'orgueilleux. Il est resté douze heures à bord pour régler le cérémonial de son entrée et de sa réception. »

Ces paroles resteront éternellement imprimées dans vos cœurs reconnaissants.

« Unissons-nous autour de sa personne sacrée ; rivalisons de zèle et de fidélité pour son service. Ce sera la plus douce récompense pour son cœur paternel, et nous nous rendrons ainsi dignes de la faveur signalée que la Providence nous accorde. »

On n'eût pas parlé autrement de la venue d'un Dieu. Mais Napoléon connaissait ce langage hyperbolique pour l'avoir souvent entendu tenir par d'autres que de simples sous-préfets. Pour prix de son zèle, Balbiani fut maintenu en fonctions avec le titre d'intendant.

Le clergé voulut aussi prendre part à ce tournoi de platitude. Le *vicario vescovile* (faisant fonctions d'évêque) Arrighi ne craignit pas de disputer aux représentants de l'administration et de l'armée la palme de la servilité. « L'île d'Elbe déjà célèbre par les productions de la nature, dit Arrighi dans un mandement, devient aujourd'hui plus illustre dans l'histoire des peuples parce qu'elle rend hommage à son nouveau prince dont la gloire est immortelle... L'opulence inondera cette contrée, et on accourra de toute part sur nos rivages pour visiter un héros. »

C'est à propos de cette proclamation du vicaire épiscopal Arrighi que la comtesse d'Albany écrivait à Ugo Foscolo le 20 mai 1814 : « Notre voisin s'est fait reconnaître souverain de son île, et il y a un gueux de prêtre qui a remercié la Providence[1] ».

Sur le petit môle, le maire Traditi offrit à l'Empereur les clefs de la ville dans un bassin d'argent. Napoléon était accompagné du maréchal Bertrand, des généraux Drouot et Cambronne, et des représentants des puissances alliées. Il traversa la ville processionnellement, sous un dais de papier doré, au milieu d'une foule enthousiaste que contenaient deux haies de troupes, composées du bataillon franc sous le commandement du baron d'Isola, et de la garde nationale ayant à sa tête l'ancien maire Lapi. Après avoir assisté à un *Te Deum*, amère ironie de la destinée, il se rendit à la mairie où on lui avait préparé un logement provisoire. Les notables de Porto-Ferrajo prêtèrent leurs plus beaux meubles pour cette installation.

L'Empereur, en quittant l'*Undaunted*, pria le capitaine Usher de lui donner une garde de cinquante marins anglais en attendant ses propres soldats, car le général Dalesme venait de partir avec la garnison française. Mais au bout de peu de jours, il ne conserva auprès de lui qu'un officier et deux sergents. L'un de ces derniers, nommé O'German, couchait tout habillé sur un matelas en travers de la porte de sa chambre, remplaçant ainsi le légendaire mameluck Rustan, qui l'avait abandonné à Fontainebleau.

[1] *Lettere inedite della contessa d'Albany a Ugo Foscolo* publicate da Traversi e Bianchini. — Roma, 1887.

Napoléon, accablé par les événements et plein de mépris pour les hommes, parut d'abord peu se soucier de l'enthousiasme de cette population pauvre à qui son arrivée semblait promettre le retour de l'âge d'or; population qui d'ailleurs l'avait brûlé en effigie quelques semaines auparavant pour célébrer la défaite des Français[1]. Son humeur, disent plusieurs témoins, laissait fort à désirer dans les premiers jours. Bientôt néanmoins il reprit possession de lui-même, mangeant et buvant bien[2], sortant beaucoup pour se promener, surtout le soir. Il s'occupa sans perdre de temps d'organiser son royaume minuscule, comme s'il avait dû y finir ses jours. Il se mit à constituer une cour et une administration, nommant Bertrand grand ma-

[1] « L'Ile d'Elbe était depuis longtemps bloquée par un vaisseau et une frégate anglaise, et les habitants très aigris par les lourds impôts qu'on leur avait imposés et par la conscription, apprenant que Napoléon devait venir régner sur eux, l'avaient brûlé en effigie sur plusieurs points de l'île, et arboré partout le pavillon anglais, sauf à Porto-Ferrajo et à Longone qu'occupaient des garnisons françaises. »

Laz. Papi, *Commentarii della Rivoluzione.* VI, 163.

[2] « Avouez, écrivait la comtesse d'Albany à Ugo Foscolo le 7 mai 1814, avouez que Napoléon a vérifié ce que je disais qu'il ne saurait pas mourir. Je ne conçois pas comment il peut vivre méprisé et haï de tout le monde. Que fera-t-il dans son île ? Le passé, le présent, l'avenir doit (*sic*) lui être à charge... » De la même au même le 13 mai : « Ne vous ai-je pas dit qu'il vivrait comme un cochon et ne se tuerait pas ! » On voit jusqu'où la passion pouvait conduire une femme d'un esprit aussi cultivé que la veuve du Prétendant.

réchal du Palais, Drouot gouverneur militaire de l'île, Cambronne commandant de Porto-Ferrajo[1]. Il choisit des chambellans parmi les notables du pays, entre autres Lapi, ancien maire, qu'il chargea aussi de la direction des domaines et des forêts, et se fit donner un état minutieux des ressources de l'armement. Avec les soldats qui l'avaient suivi, amenés le 26 mai de Savone par des bateaux anglais, et les militaires en disponibilité, les Corses surtout, qui se présentaient en grand nombre, il forma trois bataillons, l'un de la garde, les autres de chasseurs et de garde nationale, de 400 hommes chacun, plus 100 canonniers, 80 Polonais à cheval commandés par le major Jablonowski et 40 gendarmes ; 150 marins montaient cinq bricks ou goëlettes, l'*Inconstant*, cédé par les conventions du traité de Fontainebleau, la *Caroline*, l'*Étoile*, la *Mou-*

---

[1] Les soins donnés par Napoléon à l'organisation de son empire minuscule excitèrent plus d'une fois la verve des royalistes. Nous avons trouvé un « canard » rarissime, intitulé *Constitutions données par Napoléon Bonaparte aux habitants de l'île d'Elbe* (8 pages in-8°, imprimerie de Moronval, rue des Prêtres Saint Séverin n° 4, s. l. n. d. (Paris 1814) qui en quatorze articles tourne en dérision les plans de l'Empereur. Le nouveau souverain divise l'île en six préfectures et douze sous-préfectures, il crée des ministères, un sénat, des sénatoreries, un grand amiral, un grand aumônier, un grand maréchal, un grand chambellan, un grand écuyer, un grand veneur, un grand maître de cérémonies, un grand intendant-général de la Couronne, une Légion d'honneur avec cette restriction que « les premières promotions ne seront portées qu'au nombre de 6000 membres », une haute cour, et une armée de 6000 hommes, le tout pour une population totale de douze mille âmes.

che et l'*Abeille*, que Napoléon trouva dans l'île ou qu'il acheta, commandés par le lieutenant de vaisseau Taillade, marié à Porto-Ferrajo. L'île d'Elbe manquant de fourrages, l'Empereur envoya une partie des chevaux à Pianosa, îlot inhabité dont il se réserva la propriété[1].

Le nouveau souverain s'empressa d'établir son budget, de concert avec le baron Peyrusse, ancien payeur du quartier général qui fut investi des fonctions de trésorier payeur général de l'île d'Elbe. Il afferma à nouveau le droit de pêche du thon, les salines et les mines de fer. Ces mines, la principale ressource de l'île, rapportaient environ 35,000 fr. par an au gouvernement. La contribution foncière n'était que de 24,000 fr. et rentrait mal, dit Peyrusse dans son *Mémorial*[2].

---

[1] Pianosa a été depuis défrichée par des forçats du bagne de Porto-Ferrajo. Elle est située entre l'île d'Elbe et l'îlot de Monte-Cristo, illustré par Alexandre Dumas.

[2] M. Thiers a exagéré dans des proportions extraordinaires les ressources de l'île d'Elbe sous Napoléon. Il les porte à 520,000 fr. par an, soit 100,000 fr. d'octroi ou d'entrées à Porto-Ferrajo (une petite ville de 4,000 habitants!), 100,000 fr. pour les contributions foncières, que Peyrusse, en meilleure situation que personne pour être renseigné, fixe à 24,000. Cent mille est à peu près le chiffre payé aujourd'hui par les Elbains comme impôt direct, et la population a fort augmenté. M. Thiers dit ensuite que les salines, les pêcheries, et les mines rapportaient 320,000 fr.. Les mines qui auraient dû figurer dans ce chiffre pour les cinq sixièmes ne rapportaient, toujours d'après Peyrusse que 35,000 fr. Il est singulier que M. Thiers n'ait pas connu le *Mémorial* de Peyrusse. Il s'est plutôt servi des chiffres évidemment erronés fournis (pour 1833) par M. Valery dans son *Voyage en Corse, à l'Ile d'Elbe et en Sardaigne*. Paris, 1837. Tome I, 325.

L'Empereur avait heureusement apporté avec lui de France près de 4 millions en or[1], qui lui servirent, avec des emprunts contractés vers la fin de l'année auprès des banquiers de Gênes, à préparer son retour.

Il entreprit immédiatement des travaux d'édilité, fort négligés par les administrations précédentes. Il fit paver les rues de Porto-Ferrajo, obligea les propriétaires à établir des latrines et frappa les récalcitrants d'un « impôt de propreté. » Il commença la construction de routes, qu'il planta d'allées de mûriers destinés à l'élevage des vers à soie, employant à ces travaux jusqu'à cinq cents terrassiers et cent maçons, sans compter les soldats. Il faut voir dans sa *Correspondance* (t. XXVII) et dans les témoignages contemporains les instructions minutieuses qu'il donnait aux ouvriers imposant le choix des matériaux, examinant qui, de lui ou de la commune, devait payer le plant de mûrier et le creusement du trou, donnant pour les bâtisses les dimensions des poutres et jusqu'au nombre de clous des bandes de fer destinées à

---

[1] Lors du débarquement du trésor, un garde national de l'île, nommé Allari, détourna un sac de 20,000 fr. On le mit à la torture pour lui faire avouer son vol (*Mémorial* de Peyrusse). On sait que la torture, officieusement rétablie par Napoléon, joua un grand rôle comme moyen d'instruction dans le procès Moreau et Cadoudal. Voir le compte-rendu sténographique *officiel* publié sous ce titre : *Procès instruit par la cour de justice criminelle et spéciale contre Georges, Pichegru et autres*, 8 vol. in-8°. Paris 1804, chez Patris, imprimeur de la Cour criminelle.

lier les charpentes. Des ouvriers furent aussi envoyés avec des soldats pour défricher Pianosa, où il expédia deux vaches. En même temps il mettait en état de défense les fortifications et remplissait l'arsenal.

Mais l'installation provisoire de la mairie ne pouvait être conservée. Napoléon fit choix de l'habitation du gouverneur de Porto-Ferrajo, la palazzina des *Mulini*, maisonnette très heureusement située au haut de la ville, dans un bastion de l'enceinte, sur le col qui sépare le fort *Stella* du fort *Falcone*. Il la dégagea en démolissant les bâtiments voisins, et construisit en contre-bas une double rangée de petits logements pour ses officiers, véritables casemates dont le toit servait de pavé à la cour. On ne pouvait monter aux *Mulini* que par une *salita*, escalier dans le genre de la rampe de l'*Ara Cœli* à Rome. L'Empereur pour arriver chez lui en voiture fit établir une rue très raide, mais praticable, aboutissant à l'ouest de la ville, à la *Tromba*, « porte de terre » ou « porte neuve », véritable tunnel de près de cent mètres de long à travers les murailles et le roc vif.

Les *Mulini*, avec leur unique étage, ne sont rien moins qu'un palais. L'escalier en échelle a tout juste un mètre de large, et au premier il n'y a qu'un salon de dimension convenable. Les autres chambres ont généralement trois ou quatre mètres de côté. C'est en somme l'appartement d'un petit boutiquier retiré des affaires. Le tout fut garni avec des meubles pris à Piombino chez la princesse Elisa. Le mobilier laissait à désirer, si l'on en juge d'après la description qu'en a laissée un visiteur : « La tenture (du salon du bas) en soie bariolée était à moitié usée et décolorée. Le tapis de pied montrait la corde et était rapiécé en plusieurs endroits. Quelques fauteuils mal couverts complétaient l'ameublement[1]. » Le rez-de-chaussée où l'Empereur se tenait pendant les chaleurs, donne de plain-pied sur un jardin aride, mais qui domine la mer du côté du nord et offre un point de vue incomparable sur le cap Corse, Capraja, la Gorgone et la côte italienne. On montre encore la trace d'un fer de cheval imprimé en creux sur le trottoir du jardin qui longe la maison. Suivant la légende, l'Empereur serait passé là à cheval pendant les travaux de maçonnerie, avant que le glacis de mortier ne fût sec. Sur l'aile gauche de la maison on voit une longue bâtisse en fort mauvais état : c'est ce qui reste d'un théâtre ou plutôt d'une galerie de fêtes adossée aux *Mulini* par l'Empereur, en attendant l'achèvement du théâtre municipal.

Le théâtre de la ville est à peu près au niveau de la *palazzina*, à cent cinquante mètres vers l'ouest. De la façade on a une vue merveilleuse sur le port et l'intérieur de l'île. L'Empereur avait fait démolir, pour le construire, l'église *del Carmine*, la plus belle de Porto-Ferrajo. Mais ce nouvel édifice ne lui convint pas

---

[1] *Mémoires* de Fleury de Chaboulon. I, 119.

et il disait à l'architecte chargé du travail :
« Vous avez démoli une jolie église pour élever
un vilain théâtre ! » Une fête brillante eut lieu
au commencement de l'hiver, à l'occasion de
l'inauguration de ce monument, et Pauline,
revêtue d'un riche costume de Maltaise, obligea
Cambronne à ouvrir le bal avec elle. Le brave
général s'exécuta ; mais, en reconduisant sa
danseuse, il lui dit : « Princesse, je vous ai obéi ;
j'ai dansé, mais j'aurais bien mieux aimé aller
au feu ! »

Les flatteries intéressées des Elbains, les
pièces de vers enthousiastes que lui adressaient
des poètes faméliques [1], ne parvenaient pas à
faire prendre son mal en patience à l'ancien
Roi des Rois, à ce souverain trop blasé sur la
platitude humaine pour se divertir beaucoup au
rôle de nouveau seigneur du village. Elle était
cruellement ironique, la strophe suivante d'une
complainte qu'on chantait au début de la première Restauration dans les carrefours de Paris
au sujet de l'Empereur :

> « Pour l'île d'Elbe il est parti
> Et sur un trône en raccourci
> Il va jouer le grand monarque.
> Les mineurs, les patrons de barque
> Le traiteront de majesté
> Son orgueil en sera flatté [2]. »

[1] Voir pièces justificatives.
[2] « Histoire véritable et lamentable de Nicolas Bonaparte, Corse de naissance, dit Napoléon le Grand, complainte (en cent couplets) sur un air digne du héros, c'est celui *des*

Voici encore, à titre de curiosité, la traduction de quelques strophes d'une chanson populaire composée en 1814 à Porto-Ferrajo :
« — Grand homme, par une foule ingénue — qui ignore tout artifice — du matin au soir — tu t'entendras appeler père. — Admire, seigneur, les collines — qui fleurissent autour de toi, — et le sol paré de vignes — riches d'un vin de choix. — Sens les suaves zéphyrs — qui se jouent en soupirant — baisant ta chevelure impériale. — Vois comme sautent — au sein de l'onde amère — les thons et les dauphins à l'envi — comme pour te faire honneur. — Sur ton front les lauriers restent toujours intacts — et ton nom encore — fait trembler l'Europe. — Cependant tu peux de l'Elbe — sur la terre heureuse — sans craindre la guerre — goûter la tranquillité... [1]. »

Celle-ci était un peu trop naïve.

Si M. Emmanuel Forési, dans une brochure [2] écrite avec les notes de son oncle Vincent Forési, fournisseur des troupes et de la marine, cite les propos bienveillants que ce roi d'Yvetot

---

Pendus » s. l. n. d. Imprimé chez Mame frères (1814) 8 pages in 8° à deux colonnes. Le couplet cité est le 91e. Nicolas était le nom donné à Napoléon par ses ennemis.

[1] A Porto-Ferrajo, chez Broglia, imprimerie de S. M.
[2] *Emanuele Foresi. Napoleone I all' isola dell' Elba.* Firenze, 1884. — Cette brochure, où les rapports de Forési avec l'empereur tiennent naturellement une large place, est très apologétique et nous présente un Napoléon inédit, bonhomme et un peu bucolique. Elle n'en fournit pas moins des renseignements curieux qu'on chercherait vainement ailleurs.

tenait à ses sujets, on nous a répété par contre une phrase en patois corse par laquelle il formulait volontiers d'une façon toute soldatesque l'ennui que lui causait cet internement. Ne prononçait-il pas du reste l'année suivante, à Longwod, ces paroles significatives: « L'île d'Elbe, *trouvée si mauvaise* il y a un an, est un lieu de délices comparée à Sainte-Hélène [1]. »

Pour tuer le temps, il réunissait la société de Porto-Ferrajo, sans se montrer trop délicat sur la qualité, et il soumettait à l'étiquette des Tuileries une cinquantaine de petites bourgeoises parées de leurs plus beaux atours, parmi lesquelles Campbell, avec sa morgue de hobereau des Highlands, constata, non sans être scandalisé, la présence d'une brodeuse qui avait réparé son uniforme. L'empereur ne craignait pas de se prodiguer; le 4 février, il alla sans se faire prier à bord du vaisseau le *Curaçoa*, assister au bal donné par les officiers anglais pour fêter la naissance du roi Georges. Le 15 août, pour sa propre fête, il banquetait avec sa garde sur la grande place de Porto-Ferrajo. Presque tous les soirs on jouait aux *Mulini*, qu'il y eût « cercle » ou non, et Napoléon, malheureux au jeu en dépit du proverbe, corrigeait la fortune en trichant à l'exemple du cardinal Mazarin, habitude qu'il avait prise aux Tuileries. Le fidèle Peyrusse, son trésorier payeur général, raconte

---

[1] *Mémorial de Sainte-Hélène* (édition Delloye, in-8°. 1840) III, 13.

dans ses *Mémoires* que Madame Mère osait seule adresser parfois à son fils des observations à ce sujet, en lui disant : « Napoléon, vous vous trompez. » Un soir, au reversi, l'Empereur, dit Peyrusse « se voyant découvert passa la main sur la table, brouilla tout, prit nos napoléons, et rentra dans son intérieur où nous ne pouvions le suivre... Le lendemain, le valet de chambre Marchand rendit l'argent aux volés. »

Il faut remarquer que l'Empereur bien qu'il eût annoncé à Fontainebleau l'intention de se retirer à l'île d'Elbe pour écrire l'histoire de la grande armée, écrivit fort peu à Porto-Ferrajo. Cette période de sa vie où le temps ne lui manquait certes pas, est la moins chargée de la *Correspondance*. Par contre il lisait beaucoup, s'amusant à feuilleter les ouvrages interdits par la censure ou la police sous son règne, et avouant qu'il ne parvenait pas à découvrir le plus souvent les motifs de leur interdiction [1]. Mais il trouvait sa principale distraction dans l'exercice, visitant sans relâche son royaume exigu. Tantôt il faisait le tour de l'île en barque, allant jusqu'à Pianosa, inspecter les travaux. Tantôt il escaladait les montagnes d'où l'œil embrasse un immense horizon, soit à cheval, soit même à pied, « infatigable malgré sa corpulence qui l'obligeait à prendre le bras de quelqu'un dans les sentiers rudes [2]. » Son besoin d'activité, sa

---

[1] *Mémorial*, II, 107.
[2] Journal de Campbell.

passion du changement le poussaient toujours à chercher des installations nouvelles. C'est ainsi que, tout en aménageant les *Mulini*, il faisait réparer le « château » de Porto-Longone, et en nommait gouverneur le maire de ce village, « pour faire les fonctions de commandant et de concierge [1]. »

Un matin, vers la fin du printemps, il parcourait en voiture, accompagné du fournisseur Vincent Forési qui lui servait de guide, la vallée aboutissant à la rade, vallée fort ouverte au milieu de laquelle serpente un petit cours d'eau toujours à sec, dont le lit a un mètre de largeur. L'empereur s'arrêta avec sa suite devant une source, près d'une maison de campagne nommée *San Martino*, propriété d'un certain Joseph Manganaro. Il demanda à Forési à qui appartenaient de modestes cabanes éparses çà et là. Celui-ci lui répondit que c'étaient les habitations de paysans à qui le propriétaire donnait du terrain pour planter des vignes, se réservant une partie de la récolte de vin. Napoléon trouva le site à sa convenance ; il chargea Forési d'acheter pour lui *San Martino*, et de désintéresser les colons partiaires qui sauf un (le « meunier de Sans-Souci » réglementaire) se laissèrent indemniser et vidèrent les lieux. On envoya les maçons pour mettre en état la villa de Joseph Manganaro, qui était en réalité une simple grange absolument inhabitable.

[1] *Correspondance.* Lettre à Bertrand du 10 juin 1814.

Tant que durèrent les travaux dirigés par Léopold Lambardi, directeur des Ponts-et-Chaussées de l'île, Napoléon vint presque tous les jours surveiller ses ouvriers. Assis sur un banc de marbre, près de la fontaine, il passait de longues heures à lire ou à donner des audiences.

San Martino se trouve à trois kilomètres environ du fond de la rade, en face de Porto-Ferrajo. La vue sur le golfe, qui de là avec sa ceinture de montagnes ressemble à un lac suisse, est ravissante. On suit pour se rendre à la villa une route poussiéreuse, longeant les salines, et bordée d'énormes haies de cactus épineux, qui rappellent l'Algérie.

Quand la petite maison de San-Martino, avec ses cinq fenêtres de façade et une élévation d'un étage seulement, fut prête, Napoléon y séjourna assez fréquemment, d'autant plus que, ainsi que nous venons de le dire, il pouvait, par la porte de Terre, se rendre en voiture, en moins d'une demi-heure, de sa nouvelle résidence aux Mulini. Il acheta des parcelles de terrain à divers paysans du voisinage, et s'occupa de défrichements, surtout de plantations de vignes, mettant parfois lui-même la main à la pioche. Forési raconte au sujet de cette villégiature à San-Martino une anecdote étrange. Un jour l'Empereur rencontrant près de sa maison un individu de mauvaise mine, le fit arrêter. On trouva sur lui des armes. Napoléon l'interrogea sur l'usage qu'il comptait en faire; l'inconnu lui déclara qu'il était venu de Corse pour l'assassiner, envoyé et payé « par des personnes puissantes. » L'Empereur se retira sans rien dire, et on laissa le vagabond s'éloigner ; personne ne le revit plus, et on ignore ce qu'il devint. C'était sans doute un émissaire du général Bruslart, commandant à Ajaccio, ancien chouan qui se vantait de faire assassiner Napoléon à la première occasion pour assurer le repos de l'Europe et spécialement celui de Louis XVIII. Cet incident et d'autres analogues poussèrent l'Empereur à exercer une surveillance très sévère sur les étrangers. On ne les laissa débarquer qu'à Porto-Ferrajo, Rio, Longone et Campo ; la gendarmerie après avoir constaté autant que possible l'identité des arrivants, avisait immédiatement le Gouverneur, afin que la police les surveillât dès leur entrée dans les murs de Porto-Ferrajo.

L'empereur ordonnait à la même époque qu'on lui préparât un parc de chasse réservée en coupant par un mur de six cents mètres l'isthme du cap Stella, au sud de l'île. On apporta les matériaux sur le terrain sans jamais commencer les constructions. En tout cas, on n'en voit pas trace.

Un jour, au milieu de mai, son humeur vagabonde l'avait conduit en compagnie du colonel Campbell sur la croupe du mont Capanna, au point le plus élevé de l'île, vers la Corse : il y découvrit une chapelle avec un petit ermitage [1], où il forma le dessein d'établir un pied-à-

[1] Cette chapelle est dédiée à la *Madonna del Monte*, que

terre. Ce site pittoresque, d'un abord difficile,
était admirablement choisi. Quand on est à
Marciana-Marina, port de pêcheurs à trois
heures de Porto-Ferrajo, vis-à-vis de l'île de
Capraja, on voit sur les pentes abruptes de la
montagne un village entouré de châtaigniers,
Castello-di-Marciana. On y monte par un chemin escarpé, où les petits chevaux de l'île, aux
jambes de chèvres, parviennent à se cramponner comme par miracle. Au-delà du village, la
route continue, pavée de granit comme une
voie romaine, traversant une lande désolée, un
maquis de genêts d'Espagne et de bruyères arborescentes. Le sentier, bordé de douze édicules
rudimentaires, en forme de guérites, ornés à
à l'intérieur de fresques grossières, véritable
chemin de la croix brûlé par le soleil, où saint
Laurent regretterait son gril, prend insensiblement l'aspect d'un escalier de géants, aux
marches larges, hautes et glissantes. Enfin on
arrive, par huit cent mètres d'altitude environ,
à l'extrémité d'une ravine abritée, où poussent
une centaine de châtaigniers séculaires Une
église pleine d'ex-voto se dresse à gauche du
chemin ; à droite on voit une bâtisse étroite et
basse, l'ermitage, composé de cinq pièces d'enfilade. Derrière l'église, dans un hémicycle de
pierres de taille, coulent trois fontaines d'eau
glacée. On n'a qu'à faire deux cents pas, et on

l'on fête le 15 août. Les lettres écrites de l'ermitage par
l'Empereur sont, dans la *Correspondance*, datées « de la
Madone. »

se trouve sur un promontoire dominé par les éboulis de roches du mont Capanna ; de gigantesques blocs de granit gisent çà et là, arrêtés par prodige au bord du précipice. L'un d'eux porte les traces d'un cube de maçonnerie qui servit à l'Empereur de sémaphore ; sur un autre, on allumait des feux pour des signaux. On se rend bien compte de l'importance de ce point, qui domine toute la mer du cap Corse à Piombino et à Livourne, quand, le matin ou le soir, par un temps clair, on aperçoit les hautes maisons de Bastia. L'œil distingue jusqu'aux embrasures des fenêtres.

Napoléon comprit vite l'intérêt qu'il y avait à occuper ce poste d'observation. Il y amena à plusieurs reprises sa maison militaire et installa de grands pavillons de toile sur des terre-pleins qu'on voit encore sous les châtaigniers. Il voulut réparer aussi l'habitation de l'ermite et même un peu l'église, que ses aides de camp s'obstinaient à prendre pour cabinet de toilette[1]. Mais fidèle à ses principes d'économie, il ne voulut pas engager de grandes dépenses. On

---

[1] « Un jour Napoléon fit appeler l'officier d'ordonnance Bernotti, et celui-ci arriva en manches de chemise. L'Empereur le regarda entre les deux yeux, et lui dit : D'où venez-vous ? où étiez-vous ? — J'étais dans l'église à me faire la barbe, et j'accours en toute hâte parce que V. M. m'a fait appeler. — Que me dites-vous ? Se faire la barbe dans le temple de Dieu ! Un homme qui ne respecte pas la religion ne peut être un bon sujet. Rappelez-vous bien cela, mon gaillard ! » Forési. *Napoleone I all' isola dell' Elba.* p. 64.

lui soumit un devis de réparation plus que modeste, s'élevant à 300 francs de maçonnerie et à 450 francs pour menuiserie ou serrurerie. Il accorda les 300 francs, mais déclara que pour les fermetures on les prendrait sans bourse délier aux magasins du génie. Napoléon aimait à s'isoler dans ce lieu solitaire. Il y passa des semaines entières, notamment du 23 août au 14 septembre 1814. C'est pendant cette période qu'il y reçut une visite dont il faut dire un mot.

Le 1ᵉʳ septembre après midi, ayant écrit au maréchal Bertrand une longue lettre sur les coupes de bois à effectuer dans le domaine de San-Martino, l'Empereur examina la mer avec sa longue-vue et donna brusquement à un de ses officiers l'ordre de se rendre à Porto-Ferrajo pour faire préparer une voiture à quatre chevaux et six chevaux de selle, qui devaient attendre sur le port. A dix heures du soir, débarquaient quelques voyageurs parmi lesquels une dame et un enfant de quatre à cinq ans, habillé en Polonais, que Bertrand reçut avec les témoignages du plus grand respect et qu'il mit en voiture. Le cortège se dirigea vers Marciana. En route, on rencontra Napoléon sur un cheval blanc entouré d'un peloton de lanciers et de mamelucks. L'Empereur, mettant pied à terre, monta dans la voiture et donna l'ordre de se rendre à la Madone. A l'extrémité de la route carrossable près du petit golfe de Procchio, tous les voyageurs prirent les chevaux de selle tenus en main. Enfin, par une nuit obscure, la dame et l'enfant arrivèrent à l'ermitage, où l'on avait dressé pour leur suite une vaste tente sous les arbres. Ils y restèrent deux jours et deux nuits, et l'étrangère ne sortit pas de la maison. Le 3 septembre, à neuf heures du soir, Bertrand fit seller les chevaux et reconduisit les voyageurs à Porto-Ferrajo, où ils se rembarquèrent.

Cette expédition mystérieuse fut bientôt connue de toute l'île. La visiteuse n'était autre que la jolie comtesse Walewska, une des rares favorites de Napoléon pour qui le vainqueur de l'Europe ait eu une affection durable. Constant, valet de chambre de l'Empereur, a raconté dans ses *Mémoires*[1], comment Napoléon connut la comtesse Walewska à Varsovie en janvier 1807. Cette jeune polonaise, âgée alors de vingt-deux ans, était mariée depuis peu à un vieillard d'humeur atrabilaire. Blonde avec les yeux bleus, éblouissante de fraîcheur, admirablement faite, quoique de petite taille, elle vit l'Empereur à un bal du Palais. Il causa longuement avec elle, ce qui surprit tout le monde, étant donné son sans-façon habituel avec les femmes. Le lendemain du bal, Napoléon envoya un grand personnage de sa suite porter des propositions à la comtesse. Celle-ci refusa d'abord, mais à la suite d'une correspondance très tendre, elle accepta un rendez-vous. Décidée à se faire désirer, elle n'accorda rien à cette

---

[1] *Mémoires de Constant.* Paris, Ladvocat, 1830, tome III, pages 269 et suivantes.

première entrevue. Le surlendemain, après réflexion, elle capitula. Deux mois après, la comtesse Walewska, abandonné par son mari, se rendit à l'appel de Napoléon qui la réclamait à son quartier général de Fuikenstein. Ils vécurent trois semaines dans la plus tendre intimité. Aucune femme, sauf Joséphine, n'exerça un tel empire sur Napoléon. En 1809, à Schœnbrün, après Wagram, l'Empereur revit la comtesse Walewska, qui devint grosse, et alla à Paris, dans un hôtel de la Chaussée d'Antin, mettre au monde l'enfant qu'elle amenait en ce moment à l'ile d'Elbe. Déjà au moment de l'abdication, plus fidèle que l'épouse légitime, elle était venue à Fontainebleau apporter des consolations à son amant[1], sans parvenir à être reçue, dit Lamartine. Mais cette liaison, aujourd'hui bien connue, était généralement ignorée en 1814, et l'opinion publique se plut à voir dans la femme et l'enfant qui venaient rendre visite au César déchu l'impératrice Marie-Louise et le roi de Rome. Nous avons sous les yeux une série de lettres et de rapports adressés, tant de Porto-Ferrajo que des divers points de la côte italienne, au consul de France à Livourne, qui tous parlent comme d'un fait incontestable du voyage de l'impératrice et de son fils. Personne ne mit en doute cette version, qui fait un honneur immérité à l'épouse de Napoléon en lui prêtant une affection conjugale et une fidélité qu'elle ne

[1] Voir *Mémoires* de la générale Durand, p. 310.

connut jamais. Encore en décembre, un officier italien au service de l'Empereur répétait l'histoire à un espion du gouvernement français, ajoutant que Marie-Louise avait fait cette escapade romanesque contre l'avis des généraux autrichiens qui l'accompagnaient et malgré les ordres formels de son père. A la même date, on annonçait gravement de Florence au consul de Livourne que Marie-Louise était enceinte depuis sa visite à Marciana[1]. La nouvelle se répandit à l'île d'Elbe où elle fut accueillie avec enthousiasme.

[1] Le comte de Jaucourt ne s'y trompait pas. Il écrivait à M. de Talleyrand le 27 septembre 1814 : « On a fait des contes de toute espèce sur l'entrevue d'une dame et d'un enfant à l'île d'Elbe. Le fait est que Mme Walewska y a été. » (Arch. Aff. Etr.) Mme Walewska en quittant l'île d'Elbe, se rendit à Naples avec un message confidentiel pour Murat. J.-B. Santoni, le chancelier de l'évêché de Livourne qui a laissé quatorze volumes de *Memorie patrie* manuscrits et inédits, conservés à la *Biblioteca labronica*, enregistré à la date du 15 septembre 1814, (vol. xiv, page 246) la visite de Marie Louise. Il ajoute que le gouvernement toscan fit répondre que la visiteuse de Marciana était non pas l'archiduchesse, mais « une princesse polonaise. » Santoni n'a pas l'air de croire à la polonaise. Ce qui prouve que le vrai peut parfois n'être pas vraisemblable.

II

Froideur et abandon de Marie-Louise. — Arrivée de Madame Mère et de Pauline Borghèse. — Le comble de l'amour fraternel. — Indiscrétions domestiques et Cabinet Noir. — La « nymphe Pauline ». — Économies forcées. — Mécontentement des fidèles.

En réalité, l'impératrice, qui devait scandaliser bientôt l'Europe en affichant sa liaison avec le général de Neipperg, de qui elle eut plusieurs enfants du vivant même de Napoléon, n'avait pas voulu entendre parler d'une visite à l'île d'Elbe, démarche où l'Empereur eût vu, sinon une preuve d'affection, du moins un témoignage de sympathie, bien dû à ses malheurs. Elle n'était capable ni de comprendre ni de suivre le conseil de sa grand'mère, la reine des Deux-Siciles, qui lui dit un jour : « A votre place, j'attacherais bout à bout les draps de mon lit, et je descendrais par la fenêtre pour aller rejoindre mon mari... » L'abandon des siens, la trahison de ses créatures, rendaient l'exil plus pesant à l'ancien maître de l'Europe, aigrissant son caractère et ulcérant son cœur. La mort de Joséphine à la Malmaison (29 mai 1814) l'avait remué aussi profondément qu'il était susceptible de l'être, car il nourrissait toujours une réelle amitié pour sa première femme, à laquelle il n'avait guère le droit de reprocher ses infidélités [1], pour l'ancienne favorite de Barras qui lui avait apporté en dot le commandement en chef de l'armée d'Italie [2] et était devenue ainsi l'instrument de sa merveilleuse fortune. Quant aux autres membres de sa famille, peu sûrs de toucher les indemnités portées dans le traité de Fontainebleau, d'ailleurs en mauvais termes avec l'Empereur depuis longtemps, ils l'oubliaient tout à fait. Ses sœurs Caroline et Elisa, pour des motifs que l'on devine trop clairement après avoir lu les *Mémoires* de Lucien et de Mme de Rémusat, refusèrent de venir vivre avec lui. Sa femme lui témoignait, comme nous venons de le voir, une froideur insultante. A la date du 10 octobre, il écrivait à son oncle le grand-duc Ferdinand de Toscane pour se plaindre de ne pas avoir reçu de nouvelles de

[1] Voir sur la fidélité de Joséphine dès le début de son mariage, le témoignage Sismondi. *Notes sur l'Empire et les Cent jours.* (*Revue Historique*, tome IX, page 368.)

[2] Le mot a été dit par Émile Marco de Saint Hilaire dans son *Histoire populaire de Napoléon et de la Grande Armée* (2e partie, chap. I,) Nous serions curieux de savoir comment 'historien ultra-bonapartiste aurait pu expliquer cette dotation de Joséphine par Barras d'une façon honorable pour son héros, ou simplement décente.

Marie-Louise depuis deux mois, de son fils depuis six mois. Napoléon, quoique jeune encore (il n'avait que quarante-cinq ans), était déjà usé par le travail, les fatigues et les excès ; il souffrait en outre de trois infirmités fort incommodes : une dysurie chronique, une affection hémorroïdale, sans compter une maladie d'ordre plus intime. (Voir les témoignages de Bertrand, de Gourgaud et, sur le dernier point, du roi Jérôme, enregistrés par le colonel Charras).

Ces infirmités, lui interdisant de rester longtemps de suite en selle, contribuèrent dans une large mesure un an plus tard à la perte de la bataille de Waterloo. Le grand capitaine était dans l'impossibilité absolue de passer une journée entière à cheval, et de se porter rapidement sur tous les points où sa présence aurait été nécessaire.

La solitude commençait à lui être à charge. En désespoir de cause, il appela auprès de lui sa mère et sa sœur Pauline. Lætitia, dont l'affection passionnée pour son glorieux fils ne se démentit jamais, était à Naples, chez son gendre. Partie au premier appel, elle arriva à Livourne le 29 juillet, escortée du comte Colonna d'Istria, ancien préfet de Naples. Campbell l'attendait dans ce port. Le 2 août au matin, la quarantaine purgée (à cause d'une épidémie de peste qui avait sévi au printemps à Smyrne et à Malte [1],

---

[1] Santoni dit que fidèles à leur principe bien connu, les Anglais se dispensaient absolument d'obéir aux prescriptions sanitaires qu'ils imposaient aux autres. (*Memorie Patrie*, xiv, 187).

le commissaire anglais s'embarqua avec Madame Mère et sa suite sur le brick anglais la *Sauterelle*. « Madame Mère, dit J.-B. Santoni dans son journal inédit (xiv, 208), était habillée à la française, et quoique son attitude n'indiquât pas *la joie (Lœtitia)*, on ne peut nier qu'en dépit de son âge de soixante cinq ans elle ne montrât les admirables restes d'une beauté peu ordinaire. « Les voyageurs furent, sur le quai, hués et sifflés par la populace[1]. Lœtitia débarqua à Porto Ferrajo le 2 août au soir, et s'installa, au-dessous des *Mulini*, dans la modeste maison du chambellan Vantini où loge aujourd'hui le sous-préfet de l'île d'Elbe. Quant à Pauline, que nous avons vue malade en Provence lors du passage de l'Empereur, et qui avait proposé alors à son frère de l'accompagner dans sa nouvelle résidence, Napoléon lui envoya l'*Undaunted* pour la prendre à Fréjus, au milieu de mai. Elle était déjà partie pour Naples d'où elle revint le 1er juin, quoique malade encore, avec un message de Murat. Elle rapporta le lendemain des dépêches au roi Joachim. Mais Napoléon la réclama à la fin de l'été ; cette bonne fille qui n'avait jamais su rien refuser à personne, se rendit à l'appel de son frère, le 31 octobre[2], et

---

[1] « Sa mère est allée le voir, elle a été huée à Livourne. On a maudit son ventre qui a porté ce monstre. » (*Lettre de la comtesse d'Albany au baron de Castille*, 19 nov. 1814).

[2] « Toujours mal portante », dit Giuseppe Ninci dans sa *Storia dell' isola dell' Elba dedicata alla Sacra Maestà di Napoleone il grande, imperatore*, ouvrage in-4° publié pendant

quoique depuis plusieurs années elle n'eût pas trop à se louer de Napoléon, resta à l'île d'Elbe jusqu'après son embarquement.

Pauline Borghèse entrait dans sa trente-cinquième année. Elle avait encore l'admirable beauté sculpturale qu'a immortalisée le ciseau de Canova dans la « Venus Victrix » de la villa Borghèse, et dans la « Venus au bain » du palais Pitti, qui supporte sans trop en souffrir le voisinage de la Vénus de la tribune des *Offices*[1]. Elle eût pu revêtir encore le costume de bacchante dont le maillot couleur de chair effaroucha si fort la société du Directoire, difficile à émouvoir pourtant en pareille matière, le soir de la fête offerte par Mme Permon[2], belle-

---

les Cent jours à Porto-Ferrajo chez l'imprimeur Broglia, des presses de qui sont sorties les placards des proclamations du général Lapi en février 1815.

[1] L'auteur anonyme de *Bonaparte, sa famille et sa cour*, « par un chambellan forcé de l'être », ouvrage de toute rareté, manquant à la Bibliothèque nationale, publié à Paris chez Ménard et Désenne en 1816 (2 vol. in-8º) a trouvé à ce sujet l'euphémisme suivant : « l'auguste princesse Pauline aimait les beaux-arts à l'excès ; voulant contribuer de sa personne à leurs progrès, elle s'abandonna sans voiles au sculpteur Canova. » (I, 272.) Notons en passant la seule imperfection qui déparât la beauté de Pauline : des oreilles larges et mal ourlées.

[2] La famille Permon, dont le chef avait fait une grosse fortune dans les vivres des armées, protégea Bonaparte à ses débuts. Laure Permon, femme de Junot, depuis duchesse d'Abrantès, avait été intimement liée avec les sœurs de Napoléon. S'il faut en croire ses *Mémoires*, à un moment Bonaparte voulait, malgré la disproportion d'âge, épouser Mme Permon mère, faire épouser Laure par son frère Louis et donner Pauline au jeune Permon. La duchesse d'Abron,

mère de Junot, à Bonaparte prêt à partir pour l'expédition d'Egypte.

L'ex-veuve éplorée du pauvre général Leclerc, l'Artémise qui en revenant de Saint-Domingue à travers les croisières anglaises arrosait de ses larmes une malle en forme de cercueil contenant en apparence le cadavre de son mari, mais en réalité ses bijoux et ses cachemires; celle que M. de Sémonville appelait « la plus grande et la plus séduisante coquine qu'on puisse imaginer » ; le Don Juan féminin dont la liste de conquêtes amoureuses dépassa, dit-on, le chiffre fatidique de *mille e tre*, n'avait pourtant pas supporté sans faiblir de si glorieuses campagnes et de si rudes assauts. Un contemporain qui semble avoir vu de très près la famille impériale, l'auteur anonyme des *Mémoires* inédits cités par M. Taine dans une publication récente [1], dit d'elle : « Nulle femme depuis celle de l'Empereur Claude ne l'a peut être dépassée dans l'usage qu'elle a osé faire de ses charmes. Elle n'a pu en être détournée même par une maladie qu'on attribue aux fatigues de cette vie, pour laquelle nous l'avons vue si souvent portée en litière [2]. »

tis raconte qu'au lendemain de son mariage avec le malheureux Leclerc, Pauline était serrée de très près par Macdonald, Moreau et Beurnauville. Elle ne découragea aucun des trois collègues de son mari. Ajoutons que Junot lui aussi avait voulu épouser Pauline.

[1] Article sur *Napoléon Bonaparte*, dans la *Revue des Deux Mondes* du 15 février 1887, page 734, note.

[2] Le contemporain anonyme serait le duc Pasquier,

On nous permettra d'aborder ici un point délicat, sans trop insister. Les relations extra-fraternelles[1] de Pauline et de son frère défrayaient déjà la malignité des contemporains. Les familiers des Tuileries, ceux qui entraient partout, à toute heure, Lespérut, Capelle, Beugnot ne cachaient point leur conviction formelle sur ce chapitre. Mounier, le fils du Constituant, secrétaire de Napoléon, celui qui pendant des années a surpris au passage et copié tant de documents curieux et intimes, et avec le manuscrit duquel M. le comte d'Hérisson vient de publier son intéressant volume *le Cabinet Noir*[2], Mounier homme d'une probité inattaquable croyait que les rapports de l'Empereur et de Pauline remontaient au-delà du 18 brumaire. Qu'on ne s'indigne pas trop; car comme l'a dit M. Taine,

conseiller d'état et préfet de police sous l'Empire. — Un rapport du directeur de la police de Livourne en date du 24 novembre 1814 (*Archives secrètes de Florence*) dit aussi qu'aux Mulini on devait parfois porter de chambre en chambre sur un fauteuil la princesse incapable de se mouvoir.

[1] « Mme de Rémusat a parlé clairement des rapports existant entre Napoléon et *ses sœurs*. Lucien a fait les mêmes insinuations. Il les a même étendues à d'autres personnes de la famille. Or ces relations n'étaient que trop réelles. » Iung, *Mémoires de Lucien*. III, 201. Le prince de Canino faisait allusion à la fille de Joséphine, la reine Hortense. A propos des *Mémoires* si intéressants de Mme de Rémusat, nous savons cependant, et de la source la plus sûre, que bien des passages en ont été atténués ou coupés, ceux surtout qui visaient la vie privée de l'Empereur et où l'on citait des noms propres.

[2] Voir en particulier le chapitre VIII sur Pauline Borghèse.

Napoléon était un italien du xvᵉ siècle, un contemporain des Borgia et de Machiavel ; on ne saurait le juger équitablement d'après les règles de la morale contemporaine. L'Empereur s'en rendait bien compte lui-même, quand il prononçait les paroles rapportées par Mᵐᵉ de Rémusat : « Je ne suis pas un homme comme un autre, et les lois de morale ou de convenance ne sont pas faites pour moi. » On peut, du reste, citer comme pendant le mot de Pauline à une de ses dames d'honneur, Mᵐᵉ Mathis, qui, sollicitée par Napoléon, lui résista quelques semaines : « Sachez bien, Madame, qu'on ne doit pas dire *non* à une volonté expresse de l'Empereur ; moi-même, qui suis sa sœur, s'il me disait : *Je veux*, je lui répondrais : Sire, je suis aux ordres de Votre Majesté ! [1]. »

L'Empereur prononça-t-il le « je veux ! » irrésistible ? Ses plus dévoués courtisans ne le mirent jamais en doute. L'Empereur eut même à s'expliquer en personne sur ce point, en niant, bien entendu, comme il convenait. Ainsi le docteur O'Méara, dans sa *Relation de Sainte-Hélène*, reproduit à la date du 25 novembre 1816, une conversation de Napoléon racontant qu'une femme de chambre de Pauline entretenait de Porto-Ferrajo une correspondance secrète avec M. de B...[2], haut fonctionnaire de la cour de

---

[1] *La Corte e la Società romana nei secoli XVIII e XIX*, par David Silvagni. — Roma, 1885, t. III, p. 57.

[2] C'était M. de la Bouillerie, intendant de la liste civile de Louis XVIII, qui d'après les rapports de police repro-

Louis XVIII, et lui donnait les détails les plus intimes sur la vie privée de sa maîtresse. Napoléon, en rentrant aux Tuileries, trouva dans les papiers particuliers de M. de B..., une de ces lettres. « Il y avait, dit-il, une description fort exacte des habitudes de ma sœur Pauline, de son vêtement, de sa garde-robe, ainsi que de ses goûts. On ajoutait que j'étais soigneux de contribuer à son bonheur, et que j'avais présidé moi-même à l'ameublement de son boudoir. M. de B... avait falsifié ces lettres en y ajoutant des choses abominables, telles que de dire que j'avais couché avec ma sœur. » On remarquera combien il serait étrange de supposer qu'une correspondance confidentielle a pu être falsifiée par celui à qui elle était adressée.

Aujourd'hui, les plus indulgents ne sauraient ni conserver la moindre illusion, ni se montrer plus incrédules que les témoins désintéressés. Des Mémoires récemment publiés éclairent singulièrement ce point si obscur. On sait d'ailleurs que les lettres écrites par les réfugiés de l'île d'Elbe étaient ouvertes par un cabinet noir austro-français installé à Livourne[1]. Le comte de

duits plus loin avait une correspondance suivie avec une personne attachée aux *Mulini*.

[1] « Le comte Stahrenberg, (le général commandant à Livourne) a ordonné, dit Campbell, que dorénavant les lettres de Napoléon ne seraient reçues que par le directeur de la poste de Piombino et expédiées par lui à Livourne, *où sans doute elles subiront cette inspection qui n'est pas un secret ici.* » On comprend que l'Empereur et ses familiers envoyassent leurs lettres par des émissaires sûrs, quand ils en avaient l'occasion, afin d'éviter ce cabinet noir.

Jaucourt, ministre des Affaires Étrangères, en recevait copie, et se divertissait à en envoyer des extraits à Talleyrand, alors au Congrès de Vienne. C'était un passe-temps gouvernemental renouvelé de Louis XV et de Maurepas. M. le général Iung a retrouvé aux archives du quai d'Orsay quelques-unes de ces dépêches qu'on n'a pas eu vraisemblablement le temps de faire disparaître pendant les Cent jours. Voici un passage de l'une d'elles, qui rend tout commentaire superflu. « La nymphe Pauline, dit Jaucourt, dont la naïveté ne diminue pas avec l'âge, écrit à deux colonels de son intimité, à l'un, que Bonaparte est trop jaloux pour qu'il vienne encore, à l'autre, qu'il se hâte de venir, que Bonaparte ne la voit que le jour et qu'il pourra, lui, s'en occuper le soir et toute la nuit. Elle appelle son auguste frère *vieux pourri* et demande deux bouteilles de rob Laffecteur[1]. » Il se peut que le comte de Jaucourt ait un peu forcé la crudité des termes pour égayer l'ancien évêque d'Autun, mais son caractère bien connu ne permet en aucune façon de supposer qu'il n'ait pas eu en communication les lettres dont il fait un résumé si cynique.

La « nymphe Pauline » partagea l'habitation de son frère. « Madame ayant pris la maison qui était destinée à la princesse, écrivait l'Empereur à Bertrand le 9 septembre, elle sera lo-

---

[1] Cette lettre fameuse est reproduite dans le *Cabinet Noir* de M. le comte d'Hérisson. Beugnot en aurait donné copie à Mounier à Gand, pendant les Cent jours.

gée dans le premier étage de ma maison, *où elle sera fort bien.* »

Une tradition conservée à Porto-Ferrajo nous montre l'ancienne Paulette adorée du conventionnel Stanislas Fréron chevauchant gaillardement dans l'île à côté de son frère. On aurait tort de supposer pourtant que la meilleure harmonie régnât toujours entre le frère et la sœur. Ils se querellaient souvent pour les motifs les plus futiles, surtout à propos d'affaires d'argent, car Pauline, en fait de dépenses, était au moins de la force de Joséphine, dont les fournisseurs, même après le divorce, poursuivirent Napoléon de leurs factures impayées d'un bout à l'autre de l'Europe. Il faut citer deux faits pour qu'on y croie. L'un d'eux est consigné dans la *Correspondance*, dans une note du 31 janvier 1815, relative à huit stores que Pauline avait fait poser dans le salon des *Mulini* en fournissant la toile. Mais la façon s'élevait à 62 fr. 50. L'empereur, voyant la facture, refusa de payer et écrivit, de sa main, en marge : « N'ayant pas ordonné cette dépense, la princesse la payera. »

L'autre anecdote nous a été fournie par feu M. le professeur Aristide Provenzal, de Livourne, un des hommes qui connaissaient le mieux la légende napoléonienne. Elle lui avait été racontée dans son enfance par des témoins. Le 17 juillet, Napoléon chargeait Bertrand de demander des livres à Livourne pour sa bibliothèque et de les faire relier avec un *N* sur le dos.

Pauline, passant chez le libraire, dans une de ses fréquentes excursions sur le continent, trouva ces reliures fort laides et prit sur elle de les faire modifier. Quand les livres arrivèrent à Porto-Ferrajo, Napoléon, irrité de ce qu'on n'avait pas exécuté scrupuleusement ses ordres, appela les soldats du corps de garde et leur fit lacérer les dos de basane, ordonnant de renvoyer ensuite les volumes au relieur pour qu'il les réparât — aux frais de sa sœur.

Du reste, l'esprit chagrin et méticuleux de l'Empereur se manifestait dans des économies avoisinant l'avarice la plus sordide. Débordé par les quémandeurs qui tombaient sur lui comme des corbeaux affamés, il mécontenta les soldats corses en réduisant leur solde, payant fort peu d'ailleurs ses officiers et ses fonctionnaires. Aussi, un jour, en octobre, découvrit-on un déficit de 20.000 francs dans la caisse des pensionnés de la Légion d'honneur ; certains fidèles s'étaient, en désespoir de cause, payés de leurs propres mains. Une désaffection très réelle fut la conséquence de ces économies. Les désertions devinrent fréquentes, malgré la sévérité du conseil de guerre. « Ils disent pour s'excuser, raconte l'ex-capitaine de gendarmerie Costa, que ce n'était pas la peine de s'expatrier pour n'avoir que neuf sous par jour et le pain. » Un rapport inédit que nous possédons ajoute : « Beaucoup ne demeurent au service de l'Empereur que par un reste de pudeur. » Les récriminations sur la question d'argent se transformaient en criailleries sur la voie publique, et non sans raison, car Napoléon redoublait de parcimonie. Dans une lettre du 3 juin, il reprochait vivement à Drouot d'avoir vendu trop bon marché un stock de farines avariées dans les magasins, discutant les prix courants avec autant de compétence que d'âpreté. Il ne se décida à jeter à la mer des salaisons corrompues qu'après avoir essayé inutilement de les faire manger à ses terrassiers. Un autre jour, il renvoyait à Livourne des meubles commandés par lui, parce que l'ébéniste avait dépassé les prix de quelques francs. Du reste, l'argent se faisait rare, les rentrées devenaient difficiles, et le souverain dut envoyer d'abord les gendarmes, ensuite un bataillon pour obliger les habitants du petit village de Capoliveri à payer l'impôt. Ces braves gens avaient supposé, sans doute, que leur nouveau maître allait supprimer les tailles. Au commencement d'août, les contribuables elbains imaginaient d'adresser au colonel Campbell, leurs doléances au sujet des « exactions » de l'Empereur. C'est ainsi qu'ils justifiaient la mise en demeure à eux faite de payer les impôts arriérés[1]. Ils chargeaient le commissaire anglais de plaider leur cause aux *Mulini*. Celui-ci partit immédiatement pour Livourne afin de se soustraire à une pareille corvée. Nous avons déjà observé qu'il

---

[1] Il faut dire qu'en italien le mot « Esazione » n'est pas toujours comme le mot français « exaction » synonyme de « concussion. » ... Il signifie aussi « recouvrement. »

fallait voir dans ces préoccupations et ces procédés la preuve que Napoléon comptait peu sur l'exactitude des alliés à lui payer la liste civile promise par le traité de Fontainebleau. Un agent le dit textuellement dans son rapport. C'est aussi pour cette raison, qu'au cours de l'hiver, plusieurs travaux de voirie furent d'abord ralentis, puis suspendus. On ne laissa quelques chantiers en activité que pour ne pas trop décéler aux yeux les moins clairvoyants, le projet de fuite déjà arrêté.

III

Le chevalier Mariotti, consul de France à Livourne. — Il organise la surveillance sur toute la côte toscane. Espions envoyés à Porto-Ferrajo. — Un monde de ville d'eau. Intrigants et curieux. Le « marchand d'huiles. » Ses rapports avec Mariotti.

L'île d'Elbe était devenue, par le fait des événements, le point sur lequel l'Europe entière concentrait son attention. Le gouvernement de Louis XVIII avait particulièrement intérêt à surveiller de très près l'Empereur déchu. Aussi, en juillet 1814, le prince de Talleyrand crut-il nécessaire de rétablir, à proximité de l'île, le consulat de Livourne, supprimé en 1808, à la suite de l'incorporation de la Toscane à l'Empire français. Talleyrand nomma à ce poste un homme de confiance, l'adjudant-général Mariotti, à qui il donna des instructions confidentielles, mettant à sa disposition des fonds secrets considérables[1].

[1] *Arch. aff. Étr.* Dépêche du 30 août 1814.

Mariotti, né près de Bastia en 1758, avait d'abord été lieutenant au régiment provincial corse. Emigré en 1790, il prit du service à Gênes, avec le grade de capitaine, en novembre 1793, et rentra dans l'armée française comme chef de brigade en 1799. L'Empereur, après l'avoir nommé chevalier, puis officier de la Légion d'honneur à la création de l'Ordre, semble avoir bientôt cessé de s'occuper de son compatriote. Mariotti n'était toujours que colonel d'état-major lors de la première Restauration. Sa connaissance approfondie de la langue et des mœurs italiennes, peut-être aussi son dépit contre Napoléon, le désignèrent au choix de Talleyrand, qui lui donna du même coup la croix de Saint-Louis et celle du Lys.

Mariotti arriva à Livourne dans les premiers jours d'août, et ce ne fut pas sans peine qu'il parvint à reconstituer les archives de son consulat, éparpillées depuis six ans au commissariat de la marine, au tribunal civil, au consulat d'Autriche et dans d'autres dépôts publics[1]. Le 13 septembre, Talleyrand, en avisant le consul de son départ pour le congrès de Vienne, lui recommandait une fois de plus de tenir l'œil ouvert sur l'île d'Elbe et sur « son possesseur. » Le métier n'était pas trop facile, car le représentant du roi de France rencontrait, en sa qualité de Français, peu de sympathies chez les Italiens. Le 18 février, jour de notre évacua-

---

[1] Archives du Consulat de France à Livourne. Inventaires des 12 et 14 août et des 3 et 6 septembre 1814.

tion, la canaille du port avait fait une manifestation bruyante contre la France, en commençant par mettre à sac la loge maçonnique de la rue des Lavandières. Ces sentiments anti-français se perpétuèrent, et un jour, au commencement de novembre, à l'occasion de la visite à Livourne du grand-duc Ferdinand de Toscane, le consulat de France eut ses vitres brisées à coups de pierres par la populace. Ce n'était pas la première fois, ce ne pas être la dernière.

Mariotti ne perdit pas de temps et se mit résolument à la besogne. Il installa dans tous les petits ports, entre Livourne et San-Stefano, des agents qui le tinrent au courant des moindres incidents, lui donnant les noms des allants et des venants, le chiffre des soldats de Napoléon qui désertaient et qu'il fallait rapatrier. Ils lui annonçaient, par exemple, que le 21 septembre la felouque royale, le *Troubadour*, avait arrêté des officiers français se rendant à Porto-Ferrajo sur un bateau de pêche, et que le 14 du même mois, on s'était emparé à Massa de deux autres officiers embauchant des hommes pour le service de l'Empereur : ces derniers furent écroués à la forteresse de Livourne[1]. La volumineuse correspondance de ces agents donne une idée très exacte du va-et-vient continuel qui se produisait autour de l'île d'Elbe. A Livourne même,

---

[1] Une correspondance (sans date) adressée de Porto-Ferrajo à Mariotti lui fait connaître les détails d'un complot destiné à enlever ces officiers.

un nommé J.-B. Bossi, habile limier[1], surveillait les étrangers, faisait arrêter les suspects, allant dans son zèle jusqu'à filer les agents secrets envoyés directement par la police de Paris (10 décembre). De Rosignano, Antonio Ricci avisait Mariotti du mouvement des voyageurs, des envois de munitions et de tous les bruits publics. Nommé agent consulaire par le consul général à la fin de septembre, il sollicitait de lui le 4 octobre un autre titre, celui d'« agent » ayant, pour ce délicat, un vague parfum policier. Jérôme Mariani à Baratti, Benassi à Piombino, à San-Stefano Lambardi frère du conseiller municipal de Porto-Ferrajo qui avait prêté des meubles à Napoléon lors de son arrivée, envoyaient presque tous les jours des rapports. De Florence, d'autres agents informaient Mariotti de ce que l'on disait en Toscane sur les projets de l'Empereur. Le général Bruslart, commandant militaire de la Corse, un ancien chouan connu par la violence de ses opinions et par son passé politique compromettant, était aussi en correspondance régulière avec lui, ainsi que le comte de Bouthillier, préfet du Var, qui lui transmettait le nom de ceux de ses administrés qui partaient pour l'île d'Elbe et lui notifiait un arrêté par lequel, pour plus de sûreté, il interdisait aux maires de son

---

[1] Les rapports de Bossi sont les seuls écrits en français, style excellent et orthographe irréprochable. Cet agent avait dû occuper un emploi distingué dans les polices de Fouché ou de Savary.

département de délivrer des passeports pour la Corse, les communications étant trop faciles entre les deux îles. Talleyrand, dans le même ordre d'idées, décidait (13 septembre) que tous les habitants de l'île d'Elbe, à destination du continent devraient aller chercher des passeports au consulat de Livourne.

D'autre part, le gouverneur de Civita-Vecchia surveillait les relations de l'île d'Elbe avec les États Pontificaux. Une lettre écrite par lui le 2 septembre à M. de Pressigny, ambassadeur de France auprès du Saint-Siège, lui annonçait qu'un officier espagnol au service de Murat venait de s'embarquer à Civita-Vecchia porteur de sept ou huit paquets pour Bonaparte[1].

Mais c'est à Porto-Ferrajo même, dans cette foule d'étrangers attirés par la curiosité, l'intérêt personnel et le goût des aventures, que la surveillance était à la fois le plus nécessaire et le plus facile. Tous les désœuvrés, tous les intrigants en disponibilité, tous les hommes à projets semblaient s'y être donné rendez-vous, depuis les Anglais en quête d'émotions, les dames romanesques désireuses de prendre hypothèque sur le cœur de César (comme cette comtesse de Jersey dont le colonel Campbell parle à Mariotti dans une lettre inédite du 26 décembre, disant qu'elle n'a pu encore parvenir à se faire jeter le mouchoir), jusqu'aux Français qui venaient proposer la fondation d'un journal[2], et aux construc-

---

[1] *Arch. du Consulat de Livourne.*
[2] Dans une lettre au *Buon Governo* de Florence, en date du

teurs qui offraient des maisons en bois démontable pour l'île de Pianosa. « J'allais me créer en peu de temps à l'île d'Elbe, disait Napoléon à Sainte-Hélène, une souveraineté d'un genre nouveau ; ce qu'il y avait de plus distingué en Europe commençait à venir passer en revue devant moi. J'aurais offert un spectacle inconnu à l'histoire, celui d'un monarque descendu du trône, qui voyait défiler avec empressement devant lui le monde civilisé[1]. » Le vainqueur d'Austerlitz se faisait peut-être illusion sur la qualité des badauds qui venaient non pas lui offrir un spectacle, mais au contraire se donner celui d'un souverain en demi-solde. Quoi qu'il en soit, l'affluence était telle que le 19 septembre, Napoléon écrivait de Porto-Longone à Bertrand pour qu'il fît établir à Porto-Ferrajo une bonne auberge de vingt lits, « une simple maison meublée, disait-il, car les traiteurs ne manquent pas, » auberge qu'un agent royaliste, dans un rapport du 30 novembre, traite fort dédaigneusement « d'hôtellerie où il y a des lits comme dans un hôpital. » Mariotti comprit qu'il fallait avoir un personnel d'observateurs sûrs au milieu de ce monde de ville d'eau, turbulent et bavard. L'Empereur habitait en réalité une maison de verre, et ses moindres actions, ses moindres paroles étaient bientôt connues et commentées dans toute la ville. Parmi la

---

23 juin 1814, Spannocchi parle de cet imprimeur français dont Napoléon repoussa les propositions.

[1] Mémorial, III. 157.

masse considérable de documents dont ces agents officiels et probablement aussi des officieux anonymes submergeaient chaque jour le consul de Livourne, documents dont on ne s'est jamais servi jusqu'ici, il faut mentionner en première ligne la liste interminable de tous les étrangers qui débarquèrent à l'île d'Elbe pendant le séjour de l'Empereur, avec leurs noms et prénoms, leur nationalité, leur profession. On trouve aussi la série de questions, presque toujours les mêmes, que Napoléon, très affable avec les visiteurs et très soucieux de savoir ce que l'on pensait de lui en Europe, leur posait, et même, pour un certain nombre d'entre eux, leurs réponses.

Certains renseignements confidentiels nous donnent la conviction que dans le palais même des *Mulini*, le gouvernement français avait trouvé des complaisants et même des traîtres[1]. Pour l'été de 1814, on ne possède que des rapports irréguliers, rédigés évidemment par des amateurs. Tout au plus trouve-t-on à y relever un récit circonstancié de l'arrivée de la comtesse Walewska donné évidemment par un témoin oculaire, c'est-à-dire par un des participants, ou bien quelques traits curieux sur l'originalité de Napoléon : par exemple, la scène où on nous le montre habillé, suivant sa coutume à l'île d'Elbe, en colonel de la garde

[1] Nous avons vu plus haut l'histoire de la femme de chambre de Pauline, qui correspondait avec M. de la Bouillerie.

nationale de Paris, allant s'asseoir au fond du fossé de la route avec de l'eau jusqu'à mi-corps. Après ce bain, l'Empereur remonta à cheval, puis fit une promenade en barque, tout ruisselant. Au bout de quelques heures seulement, il dit à ceux qui l'escortaient : « Je vais changer, car je sens un peu d'humidité aux pieds. » Le ton général du rapport inédit où nous prenons cette curieuse anecdote est favorable à l'Empereur. Le rédacteur n'a certainement pas voulu rendre Napoléon ridicule ou le faire passer pour fou. Il a simplement noté ce qu'il a vu.

Vers l'automne, les rapports deviennent plus fréquents, plus précis. On sent qu'on a désormais affaire à des gens du métier. Enfin, le 30 novembre, débarque à Porto-Ferrajo, venant de Livourne, un agent inconnu prenant la qualité de négociant en huiles. Il arrive avec un ancien officier du Prince Eugène, le milanais Litta, homme riche, jouissant d'une grande situation, enthousiaste de l'Empereur, qu'il vient inviter à se mettre à la tête d'une insurrection de l'Italie contre l'Autriche. Litta, que l'agent semble connaître de longue date, puisqu'ils se tutoient, a l'imprudence de s'acoquiner à son compagnon, de le présenter, de lui servir pour ainsi dire de répondant. Nous n'avons pu retrouver le nom véritable de cet agent; nous savons seulement par ses rapports, qu'il avait servi sous l'Empire en Italie, dans un bataillon de vélites. Il fut reconnu à Porto-Ferrajo, par divers officiers ou fonctionnaires qui l'avaient vu portant l'uniforme à Florence en 1809. Mais l'agent de Mariotti ne s'émut pas de cette reconnaissance. Il fréquentait les plus fidèles bonapartistes, disant qu'il reprendrait volontiers du service auprès de Napoléon. Si bien que le jour du départ, Cambronne voulait à toute force l'embarquer pour la France. Le pseudo-marchand d'huiles était originaire de Lucques ; il se réclamait en cette qualité d'un garde d'honneur de la princesse Élisa, nommé Calderai, alors à l'île d'Elbe. Il se mit en rapports, sous le double prétexte d'affaires commerciales et de prosélytisme, avec Cambronne, avec Manganaro, l'ancien propriétaire de *San-Martino*, avec le chambellan Vantini dans la maison de qui logeait Madame Mère. Toujours accolé à Litta devenu un familier des *Mulini*, il savait par lui toutes les nouvelles, et les confidences du noble Milanais ne tombaient pas, comme on dit, dans l'oreille d'un sourd. Installé au café *del Buon Gusto*, au pied de la montée du château, chaque jour pendant trois mois (sauf quelques absences), on put le voir prendre l'un après l'autre tous les étrangers, tous les fonctionnaires, tous les officiers corses, français ou italiens. Il les faisait causer, inscrivant tout sur son carnet (sans jamais inspirer de soupçon !) et heure par heure, rédigeait pour l'envoyer à Mariotti, un journal qui est le modèle du genre. Les *reporters* les plus américains n'ont pas fait mieux depuis. Aucun bruit politique, aucune conversation de l'Empereur avec son entourage ou ses visiteurs, aucun trait de chronique scandaleuse n'est oublié. L'agent donne la liste des émissaires reçus, leur signalement précis destiné aux polices française ou italienne, le résumé des nouvelles de Naples. Il raconte par le menu les petites rivalités de la maison, les aventures de la pseudo-comtesse de Polignac, une intrigante de la pire espèce, venue à l'île d'Elbe pour spéculer sur les renseignements qu'elle pourrait recueillir pour les revendre au plus offrant, et celle de la belle Mme Théologue, la maîtresse du trésorier Peyrusse, une grecque de Paris tombée du ciel avec son mari, ancien agent de Napoléon dans le Levant, qui touche deux cent trente francs par mois pour rédiger un dictionnaire greco-italien-français. Il fait parler Mme Colombani, femme d'un commandant corse et dame d'honneur de la princesse Pauline, cultive la « bonne amie » du commandant d'armes chez qui se réunissent les officiers supérieurs, jolie personne dont la discrétion est le moindre défaut, et lui tire les vers du nez. Ces rapports, écrits en italien par un homme intelligent qui raconte sans parti-pris, du ton le plus indifférent et sans qu'on y voie le moindre désir de faire du zèle sont la véritable chronique de l'île. On les trouvera plus loin.

Et le « marchand d'huiles » n'était pas le seul correspondant de Mariotti à Porto-Ferrajo. Nous avons de nombreuses lettres (toutes en italien) pleines de détails intéressants, dont il est malheureusement difficile de tirer parti, car elles ne sont ni datées, ni enregistrées. On ne sait à quelle époque exacte placer les mille faits curieux qu'elles relatent, et qui n'auraient un intérêt véritable que si on pouvait les classer heure par heure, à leur date.

IV

Préoccupations de l'Empereur. — Au congrès de Vienne on se dispose à le déporter aux Açores. — Napoléon se décide à prévenir la Sainte-Alliance. — Ses pourparlers continuels avec Murat niés par le *Mémorial*. — Le capitaine Taillade. — Les patriotes italiens cherchent à appeler Napoléon pour faire l'unité de l'Italie. — Les « quatorze ». — Talleyrand et Jaucourt. — La fuite décidée. — Emissaires français à Porto-Ferrajo. — Fleury de Chaboulon et Charles Albert. — Le secret de la comédie. — Autre mensonge du *Mémorial*. — Embarquement.

Quoique physiquement et moralement assez déprimé, Napoléon ne se résigna pas une minute à rester à l'île d'Elbe[1]. Cinq jours à peine

[1] Le sentiment public s'en rendait bien compte, et les royalistes, dès l'installation de l'Empereur à Porto-Ferrajo, cherchaient à créer un courant d'opinion qui engageât Napoléon à rester dans sa nouvelle résidence. On peut lire à ce sujet une brochure rarissime *Cochemare* (sic) *de Buonaparte dans l'île d'Elbe, ou l'apparition du* Petit homme rouge *et son entretien avec lui*. 8 p. in-8° s. l. n. d. (Paris 1814), imprimé chez Gauthier, rue de la Vieille Draperie, n° 15. Le « petit homme rouge » personnage fantastique qui avait déjà apparu une fois à Bonaparte, en Egypte, au pied des Pyramides pour lui conseiller de replacer Louis XVIII sur

après son débarquement, le 9 mai, il faisait partir son valet de chambre sur le bateau qui emmenait le général Koller, commissaire autrichien, sous prétexte d'aller à Milan demander des meubles au prince Eugène, en réalité pour s'aboucher avec le Vice-Roi. Le valet de chambre ne put dépasser Gênes, fortement occupée par les troupes de lord Bentinck. Le 21 mai, le colonel Campbell remarquait déjà « l'inquiet empressement de Napoléon pour se mettre en rapports avec Murat et Beauharnais. » La résolution d'échapper fut arrêtée définitivement dans son esprit, sinon dès qu'il quitta Fontainebleau, comme le dit le *Mémorial*, du moins dès qu'il connut les intentions des puissances alliées qui se préparaient à envoyer leurs mandataires au congrès de Vienne. Talleyrand était convaincu que la présence de Napoléon libre à deux pas de l'Italie et de la France était un danger permanent pour la paix de l'Europe. Le chevalier Mariotti, très bien renseigné, comme nous savons, avait exposé à son chef, notamment par des dépêches dé-

---

le trône, lui apparaît de nouveau et lui reproche sa conduite. Voici la conclusion du dialogue : « BONAPARTE. » O bon génie, ôte-moi les remords qui me dévorent l'âme.., Que faut-il que je fasse ? — LE PETIT HOMME ROUGE. — Que tu répares autant que possible par la prospérité de ce petit peuple que tu dois à la générosité de ceux que tu traitais en ennemis, que tu répares, dis-je, le mal que tu as pu faire à toutes les nations qui ont eu le malheur de t'apercevoir. Occupe-toi des sciences et des arts, enseigne à ce peuple ce qu'il ignore sur l'agriculture, le commerce et les manufactures, en un mot, fais son bonheur... »

taillées, en date des 28 septembre et 15 novembre, les préparatifs du départ, et il indiquait la nécessité de prendre des mesures énergiques. On peut affirmer que ces dépêches fixèrent l'opinion du prince de Bénévent. A la première séance du congrès de Vienne (novembre), son parti était irrévocablement pris. Il résolut de faire enlever l'Empereur et de l'interner soit à l'île Sainte-Marguerite, soit aux Açores. Cet enlèvement était devenu l'idée fixe de Louis XVIII. Mais l'opération présentait des difficultés. On tenta de gagner le capitaine Taillade, commandant la flottille de l'île d'Elbe. On le sonda dans ce sens à Naples, où il portait souvent les instructions de l'Empereur à Murat[1], quoique Napoléon à Sainte-Hélène ait affirmé avoir rompu toutes relations avec son beau-frère[2]. Dans sa lettre à Talleyrand, en date du 28 septembre,

---

[1] Pour donner le change aux puissances sur leurs correspondances secrètes, Pauline et Murat envoyèrent tout l'été à Napoléon d'autres lettres insignifiantes, tout ouvertes, par l'intermédiaire du comte Meyer, ambassadeur d'Autriche, et du général Stahrenberg, gouverneur de Livourne, ennemi personnel de Napoléon ; ce dernier n'était pas dupe, et s'emportait en parlant au colonel Campbell de ces « finesses cousues de fil blanc. »

[2] « L'Empereur, à l'île d'Elbe, dédaigna toute communication avec le roi de Naples » (*Mémorial*, II, 239.) C'est juste le contraire de la vérité, mais chacun sait qu'il ne faut pas prendre le *Mémorial* pour parole d'évangile. L'Empereur, tout en s'exprimant sur le compte de Murat dans les termes les plus méprisants, et à juste titre, se réservait de l'employer à l'occasion, lui et son armée. Pendant son séjour à l'île d'Elbe, Napoléon échangea avec la cour de Naples des dépêches presque quotidiennes.

Mariotti lui expose que Taillade est mécontent, besoigneux, chargé de famille, et qu'il pourrait enlever Napoléon pendant une de ses fréquentes courses à Pianosa, où l'Empereur, quand il passe la nuit, couche à bord de son brick, faute d'installation à terre. A la suite d'une indiscrétion Taillade devint suspect, on se défia de lui, et on le remplaça dans son commandement, au moment décisif du départ, en février, par le capitaine Chautard. Napoléon, mis en éveil et voulant éviter à tout prix une transportation lointaine, peu soucieux d'ailleurs d'exécuter le traité de Fontainebleau, dont les clauses pécuniaires en sa faveur n'avaient pas été remplies, résolut de s'enfuir à la première occasion. Tous les préparatifs furent hâtés à cet effet.

L'Empereur s'était réconcilié au moins en apparence, avec Lucien toujours prêt à nouer de nouvelles intrigues, et, comme nous venons de le dire, avec Murat, malgré la trahison du 11 janvier 1814, trahison dont le souvenir saignait toujours au cœur du vaincu de Leipzig. Pauline s'était entremise entre son frère et le mari de sa sœur. Le roi Joachim, craignant non sans raisons de se voir enlever la couronne de Naples par la Sainte-Alliance, malgré la demi-complicité, largement rétribuée, dit-on, de Talleyrand, n'hésita plus à se mettre, lui et son armée, aux ordres de son beau-frère. Napoléon eut-il, dès l'origine, le dessein de rentrer directement en France, ou conçut-il tout d'abord l'idée de s'emparer simplement de l'Italie, dont il aurait fait l'unité à son profit? Peut-être cette seconde alternative avait-elle séduit un moment son esprit : c'est du moins ce que nous permet de supposer l'examen d'un *Plan de révolution* en quatorze articles[1], visant presque uniquement l'Italie, que Napoléon étudia à Porto-Ferrajo et dont nous avons une copie soustraite à son cabinet, ou, en tout cas, rédigée par un écouteur aux portes.

Il est certain que pendant les premiers mois de 1814 un mouvement exclusivement italien se produisit dans la péninsule en faveur de Napoléon. Une brochure anonyme publiée à Bruxelles en 1825, *La Vérité sur les Cent jours, principalement par rapport à la renaissance projetée de l'Empire romain*, « par un citoyen de la Corse, » nous apprend qu'un groupe de quatorze conspirateurs, composé de deux Génois, de deux Corses, de quatre Piémontais, deux sujets de l'ancien royaume d'Italie et quatre Romains ou Napolitains, se réunit au commencement de mai à Turin pour discuter les affaires de la péninsule, se préoccupant surtout de son unification. Les uns préconisaient la forme républicaine, mais la majorité se prononça pour une monarchie constitutionnelle héréditaire, établie au profit de Napoléon, avec substitution successive en faveur d'Eugène de Beauharnais d'abord, de Lucien Bonaparte ensuite, au cas où Napo-

[1] Voir la traduction de ce document aux *Annexes*.

léon mourrait sans enfants. Les patriotes italiens avaient préparé un projet de Constitution détaillé, en soixante-trois articles[1], et pour ne pas froisser les sentiments fédéralistes de l'Italie, tout en établissant à Rome le siège du nouveau gouvernement, ils proposaient de faire siéger successivement le Parlement à Rome, à Naples et à Milan. Dans le même ordre d'idées, ils instituaient à côté de l'Empereur quatre vice-rois établis dans les principales villes de la péninsule. Des banquiers génois devaient faire les fonds de l'entreprise, les mêmes sans doute qui, à la fin de l'année, avancèrent de l'argent à l'Empereur pour son retour en France.

Melchior Delfico, conseiller d'Etat à Naples, un des quatorze, rédigea une adresse à Napoléon qui lui fut envoyée à Porto-Ferrajo le 19 mai. Les conspirateurs demandaient au souverain de l'île d'Elbe son nom et son épée, invoquant l'image de la patrie italienne et lui offrant en échange la couronne de l'Empire romain restauré. « Que César soit grand, disaient-ils, mais que Rome soit libre, » et ils invitaient l'Empereur à marcher sur les traces glorieuses de Washington. Aussi exigeaient-ils que Napoléon renonçât pour l'avenir à la guerre et aux conquêtes. « Un mot de vous suffira, écrivait Delfico au nom de ses amis, pour faire lever la nation entière. Dites comme Dieu à la lumière:

---

[1] Reproduit par Giuseppe Martini dans sa *Storia d'Italia continuata da quella del Botta, dal 1814 al 1834*, (Capolago 1851) t. I.

Que l'Italie se fasse ! et l'Italie se fera. » Les conspirateurs avaient étudié les voies et moyens pour atteindre leur but. Leur plan, assez original, consistait à provoquer une guerre entre Louis XVIII et Murat. A la première rencontre des deux armées, Napoléon se serait présenté pour réconcilier les combattants, réunir les forces françaises aux forces napolitaines, et les conduire à la conquête de l'Italie[1].

Au cours de l'été, les conspirateurs se transportèrent de Turin à Gênes pour être plus près de l'île d'Elbe et communiquer plus aisément avec l'Empereur. Ils envoyèrent même des émissaires en France, pour obtenir des meneurs du parti bonapartiste qu'ils engageassent Napoléon à accepter la couronne d'Italie. Mais les adversaires de la Restauration ne voulurent pas entendre parler d'un projet qui les aurait privés

---

[1] On a prétendu à tort que le « citoyen de la Corse » auteur de la brochure de Bruxelles pouvait bien être un des frères de Napoléon, Louis ou Lucien. Ce qui a accrédité cette erreur, c'est que Lucien a publié sous un titre analogue, *La Vérité sur les Cent jours*, un extrait de ses mémoires (Paris, Ladvocat éditeur. 1835). L'auteur de la brochure belge (in-8º de x-226 pages, H. Tarlier éditeur, 1825) était le comte Libri Bagnano. Elle a été reproduite partiellement en italien sous ce titre *Delle cause italiane nell' evasione dell' Imperatore Napoleone dell' Elba*; Giuseppe Martini dans sa *Storia d'Italia* s'est servi (I. chap. III) du récit des *Cause italiane* auquel il prête peut-être trop de confiance. Il a même reproduit en pièces justificatives les principaux passages de cette brochure aujourd'hui presque introuvable. On peut consulter sur le même sujet le 14e fascicule des *Documenti della guerra santa d'Italia, società segrete*. (Capolago. 1850.)

du concours de l'Empereur et ils répondirent que décidément l'Italie n'était pas mûre pour la liberté. Cette démarche des Italiens eut un effet bien contraire à leurs vues; elle poussa les agitateurs français à activer leurs négociations avec l'île d'Elbe, en vertu du proverbe: « Première charité commence par soi-même. »

Napoléon avait-il jamais prêté sérieusement l'oreille à ces songes-creux ultramontains? Martini l'affirme, il reproduit même[1] un discours plein d'encouragements que l'Empereur, au mois d'octobre, aurait tenu à un envoyé des quatorze. Ce document nous semble apocryphe au premier chef. Un autre historien italien, M. G. Livi, dans un article récent[2], soutient de son côté que jusqu'au mois d'octobre Napoléon encouragea les patriotes italiens, et qu'il ne changea d'avis, se réservant pour la France, que lorsque ses correspondants parisiens lui eurent fait part des résistances invincibles que le sentiment national opposait à la Restauration bourbonienne. Nous persistons à croire néanmoins avec Thiers et Vaulabelle (ces deux historiens écrivant au lendemain des événements ont pu consulter à loisir tous les témoins) que dès Fontainebleau, Napoléon était décidé à revenir en France, non ailleurs, et que la perspective de régner sur l'Italie ne tenta guère, à aucun moment, le sou-

---

[1] *Storia d'Italia*, tome I, chap. III.
[2] *Nuova Antologia*, 16 janvier 1887. Le savant directeur des archives de Brescia vient de publier cette étude en volume chez Frères, éditeur, Milan 1888

verain de l'île d'Elbe. Jamais elle n'aborda sérieusement son esprit, Napoléon que nos voisins d'au-delà des Alpes réclament comme un compatriote, (et ils n'ont peut-être pas tout à fait tort,) n'aimait pas et estimait moins encore les Italiens, quoique plus tard, à Sainte-Hélène, il se soit platoniquement apitoyé sur leur compte, s'il faut en croire Antomarchi[1]. La couronne d'Empereur des Romains ne lui eût pas semblé valoir la peine de quitter Porto-Ferrajo[2].

Cependant des émissaires secrets arrivaient à Porto-Ferrajo ou en partaient chaque jour. «L'ha-

---

[1] *Derniers moments de Napoléon*, I, 432.
[2] Sur l'état politique et moral de l'Italie à cette époque, on ne lira pas sans intérêt la correspondance adressée par la comtesse d'Albany à son ami Ugo Foscolo, dont nous avons déjà parlé. La personnalité généreuse du correspondant de la veuve de Charles Édouard rend plus cruelles encore, semble-t-il, les appréciations de la comtesse, dans lesquelles le nom de Napoléon revient à chaque page. « Les Italiens, écrit-elle le 13 mars 1814, ne sont pas mûrs ou sont trop corrompus pour faire une nation. Ils auraient besoin d'un homme comme celui de l'île d'Elbe qui les aurait fait aller à coups de pieds et de baïonnette. « Et le 19 mai suivant : « Vos compatriotes ne savent pas ce qu'ils veulent. Ils croient que le monde entier doit travailler pour eux, et ils ne voudraient pas sacrifier un *paul* ni un homme pour obtenir quelque gouvernement que ce soit. L'Égypte n'est-elle pas la même chose depuis des siècles ? C'est le sort des pays corrompus et égoïstes... Si l'Attila moderne avait pu continuer à tyranniser l'Europe encore dix ans, peut-être l'Italie aurait-elle acquis un peu plus d'énergie. Mais à présent elle va retomber dans une apathie, et ses habitants se dévoueront de nouveau au servage de la *madonna celeste* et *des madonne terrestri*.. » On voit que le patriotisme d'Alfieri n'avait pas déteint sur son ex-épouse morganatique.

bitant de l'île d'Elbe, écrivait le Ministre de la la guerre à Talleyrand le 8 octobre 1814, reçoit des courriers fréquents de Naples ou d'ailleurs. Il se lève plusieurs fois la nuit, il écrit des dépêches, et paraît fort occupé... » Napoléon recevait en effet de nombreux messages de Vienne (du baron de Méneval attaché à Marie-Louise) de Rome, de Naples, de Milan, de Gênes, de Florence, de Prangins où se trouvait Joseph. Les courriers en repartant de Porto-Ferrajo emportaient les réponses. Le colonel Jablonowski allait chercher les nouvelles[1]. Au besoin les femmes s'en mêlaient. Mme Bertrand passait le canal de Piombino, ou même Mme Lœtitia, sans compter Pauline que Campbell reconnut un soir à Livourne sur le port, déguisée en homme. De même la femme du chirurgien major de la garde Viella circulait entre l'île et le continent sous le costume de matelot[2].

Tous les porteurs de dépêches recevaient à Porto-Ferrajo un passeport pour Naples, et le gouvernement napolitain leur en délivrait en échange un autre pour se rendre où ils désiraient aller. Livourne était néanmoins le principal point de contact de l'île avec l'Europe. L'Empereur y avait organisé une contre-police. Une aventurière, connue sous le nom de comtesse de Rohan y surveillait les faits et gestes des royalistes, espionnant Mariotti et le général

[1] Lazare Papi, VI, 166.
[2] Rapport écrit de Galassi au *Buon Governo*, du 23 décembre 1814.

Stahremberg; elle rendait compte de tout à
Porto-Ferrajo.

Le gouvernement de Florence de son côté
avait un intérêt capital à tenir les yeux ouverts.
La Toscane en cessant d'être incorporée à
l'Empire français était tombée sous la dépendance étroite de l'Autriche[1], et à Livourne, à
côté du gouverneur toscan Spannocchi, celui-là
même que Bonaparte avait fait si brutalement
arrêter en mai 1796, lors de la saisie des marchandises anglaises, le général autrichien Stahrenberg ne cachait pas sa prétention d'être le
véritable maître. L'empereur François II employait sans le moindre scrupule son frère, le
grand duc Ferdinand, à espionner son gendre
Napoléon. Les Livournais les plus réactionnaires
ne pardonnaient pas à Stahrenberg son rôle
de surveillant étranger. Ils trouvaient que les
Autrichiens usurpaient sur l'autorité légitime
de Ferdinand III. J.-B. Santoni, l'auteur des
Memorie patrie manuscrits et inédits conservés
à la Bibliothèque de Livourne, parle du gouverneur étranger avec le plus profond mépris, le
traitant d' « avide et très vorace bohémien »,
déclarant qu'il est plus odieux par ses exactions

---

[1] A Florence, on considérait l'empereur François comme
l'unique souverain. Aussi chantait-on sur le Lung' Arno,
au moment de l'évasion de Napoléon une chanson dont
voici le refrain :

    « Finchè dura il fresco
    Sarà Francesco ;
    Alla nuova stagione
    Napoleone ! »

que ne l'étaient les français. Stahrenberg donna le 12 juillet un grand bal, auquel toute l'aristocratie, d'accord pour une fois avec les libéraux, refusa d'assister [1].

Dès le 25 mai 1814, Spannocchi écrivait à Aurelio Puccini, président du *Buongoverno* (ministère de la police) de Florence : « Nous avons un mauvais voisin, et je crois que le gouvernement peut et doit s'intéresser à avoir des rapports sûrs et exacts sur ce que Napoléon fait, dit et pense. » En juin, Spannocchi envoya un premier agent à Porto-Ferrajo, à titre d'essai, avec une solde de dix francs par jour. Le *bargello* (chef de la police) de Livourne, Galli tenait aussi le *Buongoverno* au courant des informations recueillies dans ce port, ainsi qu'un agent spécial expédié de Florence à Livourne, à la fin de novembre, Francesco Galassi. M. G. Livi a dépouillé aux archives d'État de Florence les rapports secrets de cette période [2]; il cite notamment une lettre de Galassi en date du 23 décembre 1814 qui donne des renseignements curieux sur la cour de Porto-Ferrajo. D'après l'agent de police toscan, Napoléon était à cette époque très gêné, ayant un passif de deux millions; il ne pouvait sortir de cette situation qu'en faisant banqueroute ou en tentant un coup désespéré.

---

[1] *Memorie Patrie* de J.-B. Santoni (xiv, 156 et 183).
[2] *Napoleone all' isola d'Elba, secondo i documenti inediti d'un archivio segreto.* — *Nuova Antologia*, 16 janvier 1887. M. G. Livi a publié depuis cette étude en volume, à Milan, chez Trèves, édit. 1888.

Galassi décrit les soirées officielles des *Mulini* et rapporte qu'une nuit de novembre, en se réveillant en sursaut, l'Empereur a brûlé la cervelle d'un coup de pistolet au mameluck de service occupé à entretenir la lampe, le prenant pour un voleur ou un assassin. Il dit que Madame Mère est détestée pour son avarice, tandis que Pauline, malgré sa mauvaise santé, peut seule adoucir le caractère intraitable de l'Empereur, et rendre la vie tolérable aux familiers du palais. Elle est, suivant Galassi « l'unique ressource des courtisans. » L'agent du *Buongoverno* avait le mot pour rire.

Napoléon était surtout en relations suivies avec Paris [1], où à côté de Maret et d'autres hauts fonctionnaires restés fidèles par intérêt, quelques généraux mécontents, comme Lallemand et Lefebvre-Desnouettes, se déclaraient prêts à tenter un coup de main contre les Bourbons [2]. L'Empereur n'ignorait pas non plus le revirement survenu en sa faveur en Italie, à Gênes, où les Anglais par un indigne manque de foi avaient

[1] La correspondance de l'île d'Elbe se faisait par l'intermédiaire d'Evain, plus tard ministre du roi des Belges, alors chef de bureau au ministère de la guerre. Il adressait les paquets à une de ses sœurs, directrice du bureau d'Angers, qui les transmettait à son tour, tout simplement par les courriers ordinaires, au directeur des postes de Toulon. Le secret fut livré par une servante d'Evain. Macdonald était compromis dans cette affaire. (Hérisson, *le Cabinet Noir*, p. 132.

[2] Voir sur la conspiration bonapartiste sous la première Restauration, l'*Histoire* de Vaulabelle II, chap. I, et Iung, *Mémoires de Lucien* III, ch. 9.

livré la vieille république à son ennemi le plus détesté, le roi de Sardaigne ; en Lombardie, dont la population si mobile, après avoir acclamé au printemps de 1814 les Autrichiens qui la délivraient des Français, souhaitait moins d'un an après que les Français vinssent une fois de plus chasser les *Tedeschi*.

Napoléon recevait d'ailleurs un grand nombre de journaux du continent : les officiers anglais lui en apportaient des paquets plusieurs fois par semaine. Il voulait tout examiner par lui-même, au point qu'un jour il se fâcha contre Forési qui avait brûlé, sans oser les lui montrer des caricatures envoyées de Livourne, le représentant sur une barque, un trident à la main, en pêcheur de thon.

Dès qu'il eut fixé dans son esprit la date approximative de son départ, l'Empereur se montra plus gai, satisfait des nouvelles de France, où, lui disait-on, son petit chapeau, arboré sur la côte de Provence, attirerait toute la population, sauf peut-être quelques riches ou quelques émigrés partisans des Bourbons et de l'étranger. Néanmoins il répétait en plaisantant que, si les Français souhaitaient son retour, ils n'avaient qu'à venir le chercher dans son exil.

Ces boutades ne l'empêchaient pas de pratiquer la maxime : « Aide-toi, le ciel t'aidera. » Par ses soins, des préparatifs de toute sorte en armes, en munitions, en vivres, étaient activement poussés à Porto-Ferrajo et à Porto-Longone, d'une façon si ostensible que l'agent de

Mariotti lui indiquait jusqu'au nombre des têtes de bétail mises en parc et des caisses de cartouches embarquées. Le 8 février 1815, le comte de Jaucourt, qui connaissait bien Talleyrand et pouvait le croire mêlé aux intrigues italo-elbaines, lui écrivait à Vienne : « Il serait bien possible que vous fussiez dans cette diablerie. » La seule précaution que prît l'Empereur pour détourner les soupçons fut d'organiser avec affectation des réceptions aux *Mulini*, dont il réglait les détails avec le soin méticuleux qui lui était habituel et la préoccupation d'économie dont nous avons relevé déjà maint témoignage. Une note du 3 janvier, dans la *Correspondance*, ordonne un bal pour le 8. Il y en aura six dans le carnaval : trois au palais, trois au théâtre : le premier, le 15 janvier. Il ne faut pas que chaque soirée coûte plus de 1000 francs. On jouera aussi la « comédie bourgeoise » dans la galerie des *Mulini*, en petit comité, en n'invitant chaque fois que quarante hommes et vingt femmes. Pour l'orchestre, on réalisera des économies en utilisant les musiciens de la Garde. Le 19 février, l'Empereur ses malles faites, écrivait une lettre qui n'aurait pas eu de sens si elle n'avait pas été destinée à être colportée, lettre dans laquelle il annonçait l'intention d'habiter l'ermitage de Marciana pendant l'été de 1815.

Les préparatifs étaient terminés, les vaissaux chargés, prêts à lever l'ancre, les troupes consignées. Le 20, l'Empereur qui venait d'envoyer un capitaine de sa garde, Hurault de Sorbie, marié à une dame d'honneur de l'impératrice, annoncer à Marie-Louise (à mots couverts) son prochain retour en France, expédiait ses voitures à Naples. Le 21, Murat lui fit connaître la rupture du Congrès de Vienne, en lui envoyant le comte Colonna d'Istria, celui qui était déjà venu à Porto-Ferrajo accompagner Madame Mère Le 22, arrivait un émissaire de Maret, duc de Bassano, un des meneurs de l'opposition à Paris. Cet émissaire était un ancien auditeur au conseil d'État, Fleury de Chaboulon qui, dans ses Mémoires [1] publiés à Londres en 1819, nous a laissé le dramatique récit de son voyage à travers la Lombardie et la partie la plus sauvage des Apennins, de Milan par Borcetto, Pontremoli et Lerici à Livourne, et la sténographie de ses deux longues conversations avec l'Empereur. Les nouvelles apportées de Paris par cet homme de cœur eurent raison des dernières hésitations de

---

[1] *Mémoires pour servir à l'histoire de la vie privée, du retour et du règne de Napoléon en 1815*, 2 vol. in-8º, à Londres chez John Murray, 1819. — Quoique Fleury de Chaboulon publiât son livre en Angleterre, il crut par prudence ne pas devoir prendre la responsabilité de sa mission, dont il mit le récit et le mérite au compte d'un personnage imaginaire, un prétendu colonel de la garde qu'il faisait mourir à Waterloo par surcroît de précautions. Napoléon renvoya Fleury à Naples le 25 au soir, avec une lettre pour Murat et cette instruction laconique : « Vous affecterez une grande confiance en lui, mais vous ne lui confierez rien ». Fleury était à Turin, après avoir fait viser son passe-port elbain à Rome par le gouvernement pontifical, quand il apprit le débarquement au golfe Juan, débarquement qu'il devait annoncer aux meneurs bonapartistes de Paris. Les événements s'étaient hâtés et l'avaient devancé.

Napoléon, en lui révélant l'état réel des esprits en France. « Partez, dit l'Empereur à Fleury. Vous direz à X... (Bassano) que vous m'avez vu et que je suis décidé à tout braver pour répondre aux vœux de la France, que je partirai d'ici le 1ᵉʳ avril avec ma Garde... »

Le 19 était arrivé, de France aussi, lisons-nous dans un rapport de police, un autre émissaire mystérieux, envoyé sans doute par les mêmes comités, du nom de Charles Albert, se disant négociant à Marseille, dont la personnalité intrigua vivement le « marchand d'huiles. » Cet agent lui fit l'honneur de supposer, comme on le verra tout à l'heure, que sa visite décida l'Empereur à brusquer le départ. Nous avions un moment pensé que Fleury de Chaboulon et Charles Albert étaient un seul et même personnage. Mais les dates de leur arrivée respective à Porto-Ferrajo ne correspondent pas, les détails fournis par Charles Albert à l'agent de Mariotti détails consignés dans un des rapports publiés aux Annexes) ne cadrent pas avec ceux que Fleury a laissés de son voyage. D'ailleurs le « marchand d'huiles » rapporte à Mariotti qu'il a longuement causé au café de *del Buon Gusto* avec Charles Albert. Or, il ne parlait pas le français, et Fleury de Chaboulon qui note dans sa narration la difficulté qu'il éprouvait à se faire entendre de ses guides dans les Apennins, malgré l'aide d'un dictionnaire de poche, ne savait pas un mot d'italien. Cette ignorance, en décuplant les difficultés de sa mission, augmentait d'ailleurs son mérite, et faisait encore mieux valoir son courage.

Le 24 au soir, le départ était si bien connu, que les autorités de l'île venaient officiellement faire leurs adieux à l'Empereur. Le président du tribunal de Porto-Ferrajo lui adressait une harangue, lui exprimant à la fois ses regrets et ses vœux, et le suppliant de ne pas oublier l'Italie, un moment unifiée sous son sceptre.

Le 25, Napoléon fit donner par Pauline un grand bal où les notabilités de l'île et les étrangers de distinction passèrent toute la nuit. D'après Montholon, l'Empereur n'aurait annoncé qu'en sortant de ce bal à Bertrand et à Drouot son projet de départ pour le lendemain. Le *Mémorial* est encore plus explicite. « Napoléon, dit Las Cases, garda le secret de son départ jusqu'au dernier moment. Tout se prépara sous un prétexte ou sous un autre. Ce n'est qu'en se trouvant à bord que les soldats conçurent les premiers soupçons [1]. » Dans le même ouvrage [2], Napoléon causant avec ses compagnons d'exil proteste contre une anecdote d'après laquelle le général Drouot, fort empressé auprès de Pauline malgré ses mœurs austères (il lisait la Bible, dit le colonel Campbell,) se serait laissé arracher par cette princesse le secret du départ huit jours à l'avance. On voit que ces deux assertions se contredisent. Napoléon, en se portant fort pour la discrétion de Drouot, reconnais-

---

[1] *Mémorial* VI, 258.
[2] *Mémorial*, III, 54.

sait que ce général était informé avant le 25 au soir. Le *Mémorial* est plein de ces contradictions. Nous savons d'ailleurs à quoi nous en tenir sur le fond de la question. La lecture des rapports de police que nous publions plus loin suffit à nous édifier. C'est après coup seulement qu'on a voulu transformer en complot ténébreux une aventure qui était depuis longtemps pour le dernier des habitants de Porto-Ferrajo le secret de la comédie. Dès le 24 un ordre du jour de la place avait officiellement avisé les troupes de se tenir prêtes à embarquer. Nous venons de parler du discours d'adieux prononcé à cette date par le président du tribunal.

Le 26 était un dimanche. Après la messe ordinaire (le frère de Pauline n'oubliait pas ses devoirs religieux,) Napoléon passa les troupes en revue. Il remonta ensuite aux *Mulini*. A onze heures, dit l'agent de Mariotti, un canot débarquait au pied du fort *Stella* un dernier émissaire (probablement anglais comme la plupart de ceux arrivés depuis huit jours) qui monta au palais par le chemin couvert, et s'entretint une heure avec l'Empereur, lui apportant des nouvelles de France. Immédiatement après sa sortie, on battit le rappel, on consigna les quartiers et on fit embarquer les troupes. La population civile avait beau s'attendre depuis de longs mois à ce départ si préjudiciable à ses intérêts matériels, elle en fut très émue comme bien l'on pense, d'autant que la plupart des soldats, mal payés, laissaient des dettes derrière eux.

La nuit tombée, l'Empereur prit ses dispositions dernières, prononça une allocution devant les soldats du bataillon franc, réunis dans l'enceinte du bastion des *Mulini* et destinés à rester. Il leur confia sa mère et sa sœur Pauline qu'il embrassa ; il tâcha de consoler Mme Bertrand et les autres femmes qui pleuraient le départ de leurs maris, et prit place dans une petite voiture pour descendre au port. La voiture allait au pas afin de permettre à une trentaine de fidèles de suivre à pied. Une partie de la population s'était réunie silencieusement sur le quai, dans l'obscurité noire rendue encore plus lugubre par le rayonnement de quelques lanternes fumeuses. L'Empereur serra dans ses bras le maire Traditi en lui adressant ces paroles : « Vous direz à ces braves gens qui sont venus me donner une dernière preuve de leur amour sincère et loyal que je penserai à eux, et que je saurai témoigner ma satisfaction à tous les habitants de l'île. » Il monta ensuite sur la goëlette la *Caroline*, accostée au môle, qui le conduisit jusqu'au brick l'*Inconstant* ancré dans le golfe. A huit heures, un coup de canon annonça que l'Empereur était à son bord. Dans la soirée la flottille composée de dix bateaux portant en tout 900 hommes, leva l'ancre. La fortune de la France et le sort de l'Europe allaient être remis en jeu une fois de plus.

Napoléon laissait le commandement de l'île à son chambellan Lapi, qu'il fit pour la circonstance général de brigade. Il avait nommé gouverneur de Porto-Ferrajo le général Bertolozzi un corse, qui sous l'empire commandait à Milan, en lui adressant ces paroles familières : «Tu me diras que je te nomme sergent ; mais ne crains rien, je te relèverai bientôt de faction. »

Le 2 mars, Pauline partait pour rejoindre à Lucques sa sœur Elisa. Elle débarquait le 3, à midi, à Viareggio, où son infortuné mari, le prince Borghèse, (un « imbécile, » disait Napoléon, et répétait Pauline avec conviction ; « un polisson incapable d'être jamais un laquais supportable, » ajoutait Paul Louis Courier,) prévenu nous ne savons comment, était allé l'attendre dès le 1er, suivant la déposition du patron elbain Dominique Pucci, recueillie le 5 à Livourne par Mariotti.

Madame Mère se rendit peu après à Naples.

V

L'Empereur en partant met l'embargo sur toute l'île. — Lettre chiffrée du « marchand d'huiles » à Mariotti. — Incroyable incurie du gouvernement français. — Mariotti et le *Zéphyr*. — Le *Zéphyr* accoste l'*Inconstant* et le laisse passer. — Désespoir de Mariotti.

Pendant qu'il embarquait en plein soleil ses armes et ses soldats, Napoléon avait eu cependant la prudence d'interdire la sortie des embarcations, mettant l'embargo sur tous les ports de l'île, même pour les pêcheurs. Aussi l'agent secret de Mariotti dut-il prendre des précautions inusitées pour lui adresser une dernière lettre sans date, mais écrite certainement le 23 ou le 24 février. Elle parvint à son adresse, car nous l'avons sous les yeux. Mariotti la reçut le 26 au plus tard ; on peut l'affirmer d'après les termes de ses lettres au comte de Jaucourt et au duc de Dalberg en date du 1er mars. C'est un court billet d'affaires, en italien, dans lequel le « marchand d'huiles » annonce son retour à Livourne, ses opérations commerciales étant terminées.

Il ajoute quelques phrases banales sur Porto-Ferrajo et sur l'Empereur. Les mots écrits sur la cassure du feuillet, au milieu de la page, forment, quand on les lit du haut en bas, la phrase suivante : *Le départ de S. M., protégé par les Anglais, aura lieu au premier jour. Je crois que le Français Charles-Albert l'a hâté.*

Le même agent adressait le 2 mars une nouvelle lettre à Mariotti, sous le couvert d'un négociant de Livourne, en écrivant à l'encre sympathique dans les interlignes d'un billet insignifiant, en clair. C'est un résumé succinct en mauvais français et avec d'innombrables fautes d'orthographe des événements du 26 au 28 février. Nous reproduisons aux Annexes ces deux pièces curieuses ; la seconde est toute brûlée par les réactifs employés pour faire ressortir l'écriture.

Comment s'expliquer la facilité avec laquelle Napoléon put gagner la France? Ses projets de fuite étaient connus du gouvernement français et du congrès de Vienne depuis de longs mois. Le comte Jules de Polignac, envoyé en Italie par Louis XVIII avec une mission confidentielle, avait exposé au roi toute la conspiration bonapartiste. Rien pourtant ne fut tenté pour prévenir le danger. Faut-il admettre la complicité de quelques grands personnages de la cour des Tuileries, et Jaucourt, dans sa boutade à Talleyrand, s'était-il approché de la vérité? A la fin de janvier seulement, quelques voiles françaises se montrèrent à l'horizon de l'île d'Elbe. Napoléon, croyant qu'on venait l'enlever, entra en fureur. Il fit venir le colonel Campbell, commissaire du gouvernement anglais à Porto-Ferrajo, pour lui demander des explications. Campbell assura à l'Empereur qu'il ne devait pas s'inquiéter. La flotille disparut le lendemain.

Il est incompréhensible que la marine française n'ait pas organisé une croisière sérieuse au cap Corse d'où l'on pouvait intercepter la navigation dans tout l'archipel toscan. Il y avait bien une escadre d'observations composée de deux frégates (la *Fleur de Lis* et la *Melpomène*), d'un brick et d'un aviso, sous les ordres immédiats du général Bruslart, gouverneur de la Corse. Mais cet officier, une véritable brute échappée du bocage vendéen, dont l'intelligence se haussait tout au plus aux exigences du rôle de chauffeur, était incapable de diriger une surveillance utile. Mariotti sentant quelle responsabilité pesait sur lui, et comprenant l'obligation où il était de ne compter que sur lui-même, avait dès son arrivée à Livourne réclamé de son gouvernement un croiseur. Le 10 février 1815 seulement, Jaucourt lui annonça[1] que d'accord avec le comte Beugnot, ministre de la marine, il mettait à sa disposition le brick le *Zéphyr*, commandé par le lieutenant de vaisseau Andrieux. Nous ignorons à quelle date exacte Mariotti reçut cette dépêche, car le 11

[1] *Arch. aff. Etr.*

février il écrivait au Ministère pour se plaindre de ce que depuis le 21 janvier il ne fût pas arrivé une seule lettre de Paris, le roi de Sardaigne retenant tous les courriers à Chambéry sous prétexte qu'il n'avait pas de convention postale avec la France.

Le brick le *Zéphyr* arriva seulement le 28 février en rade de Livourne. Par un étrange hasard, il avait pendant la traversée accosté l'*Inconstant*, retenu dans l'archipel toscan par un subit calme plat, sans que le capitaine Andrieux, qui s'entretint un moment avec le capitaine Chautard, pût soupçonner que l'Empereur fugitif se trouvait à une demi encâblure de lui. « A six heures du soir le 27, dit Marco Saint Hilaire [1], les deux bricks passèrent bord à bord ; leurs commandants qui se connaissaient, s'adressèrent mutuellement la parole. Celui du *Zéphyr*, après quelques questions, demanda des nouvelles de l'Empereur. Aussitôt Napoléon saisit le porte-voix, et se mit à crier de toute la force de ses poumons : « Merci, commandant, Napoléon se porte bien, parfaitement bien ! »

Le Consul de France à Livourne dont les aver-

---

[1] *Histoire de Napoléon*, 6ᵉ partie, chap. I. Autre circonstance bizarre à propos de cette rencontre du *Zéphyr* et de l'*Inconstant*; Las Cases dit dans le *Mémorial* : « J'ai eu la preuve depuis que le brick sur lequel était l'Empereur et celui avec qui on parlementa étaient jumeaux, et avaient été construits précisément avec du bois donné à l'état par Napoléon. »(*Mémorial* VI, 259). C'étaient des bois provenant de la propriété que l'Empereur avait héritée en Toscane de son parent éloigné le vieil abbé Bonaparte de San Miniato.

tissements avaient été si mal écoutés, écrivit le 1ᵉʳ mars à Jaucourt : « J'avais depuis six mois demandé un bâtiment léger et deux congés de marins. Je n'ai pu les obtenir. Le brick le *Zéphyr* est arrivé hier soir seulement à Livourne, et le capitaine est venu me trouver ce matin pour m'informer qu'il était à ma disposition. Il m'a dit qu'il avait rencontré (avant) hier le brick l'*Inconstant* à la hauteur de Capraja. Si le *Zéphyr* était arrivé ici quarante-huit heures plus tôt, je lui aurais donné des instructions si sûres que le brick l'*Inconstant* ne lui aurait pas échappé[1] ».

Par le même courrier, l'inconsolable Mariotti écrivait une seconde lettre, à peu près dans les mêmes termes, au duc de Dalberg, un des plénipotentiaires français au congrès de Vienne. « Si le *Zéphyr* eût été ici quarante-huit heures plus tôt, je lui aurais donné de telles instructions que l'*Inconstant* aurait été pris *ou coulé bas avec sa cargaison*. Je suis désolé, monsieur le duc, de cet événement dont les suites pourront être funestes pour le repos de l'Europe. Je n'ai rien à me reprocher...[2] ».

Ajoutons pour compléter le tableau des mésaventures du gouvernement français qu'un des vaisseaux composant l'escadre de Corse dont nous avons parlé plus haut, la frégate la *Fleur de Lis*, commandée par le chevalier de Garat, croisait dans les eaux de Capraja (de conserve avec

[1] *Arch. aff. Etr.*
[2] *Arch. aff. Etr.*

la frégate la *Melpomène*) les 26 et 27 février. La *Fleur de Lis* laissa passer l'*Inconstant* sans le voir, et le chevalier de Garat, menacé de disgrâce, dut adresser au Gouvernement, pour s'excuser de sa malechance, un rapport justificatif. Ce rapport nous apprend que le gouvernement de la Restauration avait intelligemment interdit à ses navires de mouiller, même en cas de tempête, dans le golfe de Porto-Ferrajo, le seul abri de toute la région, ordre qui à plusieurs reprises, par les gros temps de l'hiver, faillit causer la perte des deux frégates françaises et de leurs équipages.

Un officier anglais, le capitaine Crocker, commandant le brick *Werard*, venant de Gênes, arriva à Livourne le 5 mars. Cet officier se rendit immédiatement chez Mariotti, et lui déclara que la nouvelle de l'évasion de Bonaparte était parvenue à Gênes le 3. Immédiatement la frégate anglaise *Aboukir* mit à la voile pour croiser sur la côte de Provence, et couper la route à Napoléon. Le capitaine Crocker avait trouvé dans la mer Tyrrhénienne la *Partridge* ayant à son bord Campbell qui lui remit un pli pour lord Bentinck et lui raconta sa rencontre avec la frégate française la *Fleur de Lis*. Crocker affirma à Mariotti que l'*Aboukir* et la *Fleur de Lis*, excellents marcheurs, avaient toutes chances d'arrêter l'*Inconstant* avant son arrivée en France[1]. Or pendant que les navires anglais et

---

[1] Archives du Consulat de Livourne.

français faisaient force de voiles, Napoléon était débarqué paisiblement au golfe Juan depuis cinq jours. Il était écrit qu'aucun malheur ne serait épargné aux gens chargés de le garder, pas même celui d'être ridicules.

VI

Attitude et rôle des Anglais. — Complicité probable du colonel Campbell. — Ses amours et ses excursions. — Fréquents rapports de Napoléon avec les officiers anglais. — Débats du parlement britannique. — Castlereagh prend la défense de Campbell. — Responsabilité de l'Angleterre.

Quels furent dans ces événements l'attitude et le rôle du gouvernement britannique ?

Avant d'examiner cette question, il importe d'établir combien il serait absurde et contraire à la réalité des faits de prêter à Napoléon, dès cette époque, les sentiments qu'il professa plus tard pour les Anglais à si juste titre, après Waterloo, après la trahison du *Bellerophon* et les persécutions injustifiables d'Hudson Lowe. Marco Saint-Hilaire lui-même dit quelle gratitude Napoléon manifesta aux officiers et aux marins de l'*Undaunted*, quels éloges il leur prodigua publiquement. Tous les témoignages sont d'accord pour constater que pendant son séjour à l'île d'Elbe, l'Empereur reçut avec une bienveillance exceptionnelle, particulièrement rare chez lui, tous les Anglais qui venaient l'entretenir, parmi lesquels nous citerons spécialement lord Ebrington [1]. Les audiences accordées aux sujets anglais étaient si fréquentes que le 21 août, l'amiral Holland s'en plaignait au colonel Campbell, en désapprouvant fortement les visites volontaires faites en dehors du service, sans la moindre nécessité, à l'Empereur par tous les officiers anglais de passage dans la Méditerranée, qui se détournaient de leur route pour toucher à Porto-Ferrajo.

On se souvient aussi de la jalousie qu'avait provoquée chez les autres commissaires de la Sainte-Alliance les attentions dont Napoléon comblait Campbell. Celui-ci, ainsi qu'on peut le voir dans son *Journal*, résidait à Porto-Ferrajo et ne s'en éloignait que pour aller faire en Italie des courses assez fréquentes, mais toujours très brèves. Même pendant les mois de juillet et d'août, qu'il passa aux bains de Lucques, à Rome et à Florence, le commissaire anglais revint plusieurs fois à son poste. Il se plaisait cependant beaucoup à Florence, but habituel de ses excursions. L'auteur des *Mémoires du temps de Georges IV* donne le motif de cette prédilection en disant : « S'il est vrai que sir Neil Campbell était le *prisonnier de cœur* d'une belle florentine,

---

[1] Lord Ebrington, depuis lord Fortescue. Il a publié le compte-rendu des deux longs entretiens qu'il eut avec l'Empereur les 6 et 8 décembre 1814. M. Amédée Pichot a reproduit ce document dans l'ouvrage déjà cité.

cela pourrait expliquer qu'il ait si mal surveillé son prisonnier de l'île d'Elbe. » Quoi qu'il en soit, le représentant de l'Angleterre vivait dans la familiarité de l'Empereur, à qui il communiquait les livres que lui prêtait son ami le consul Mariotti, entre autres le *Moniteur* et le *Siège de Dantzig*[1]. Il est certain que Campbell, qui assurait Mariotti de son dévouement aux Bourbons, jouait un double jeu ; les Anglais fermaient les yeux sur les projets du prisonnier qu'ils étaient censés garder. L'agent français, le pseudo-marchand d'huiles, enregistrant dans ses rapports quotidiens tous les bruits de Porto-Ferrajo, insistait presque chaque jour sur les entrevues secrètes de Napoléon avec des officiers anglais ; il notait une nouvelle étrange d'après laquelle, au milieu de février, Campbell aurait apporté de l'argent à l'Empereur, peut-être les sommes empruntées aux banquiers de Gênes par Napoléon, qui depuis le commencement de l'hiver se trouvait à bout de ressources[2]. A la date du 23 février, le même agent ajoutait ces indications que nous traduisons textuellement : « Au bureau de l'état-major de la place,

---

[1] Lettre inédite de Campbell à Mariotti, du 26 décembre 1814 reproduite aux Annexes.

[2] Dans une déposition faite devant Mariotti le 9 mars, le patron du bateau sarde l'*Aristide* déclarait que vers le milieu de février, suivant un bruit répandu à Porto-Ferrajo, le prince Eugène était venu passer trois jours auprès de l'Empereur, porté par un vaisseau de guerre anglais. Nous croyons cette nouvelle inexacte, car une pareille visite aurait laissé des traces.

en causant avec l'adjudant-major de l'adhésion ou non-adhésion des Anglais au départ en question, il m'a dit que les Anglais sont parfaitement d'accord avec Napoléon pour qu'il sorte de l'île et aille faire la guerre en France. La raison en est que, les Anglais ayant réclamé à la France une récompense de ce qu'ils ont fait pour elle, le roi a repoussé leur demande. Napoléon a dit que s'il avait été sur le trône, il leur aurait donné satisfaction. Ce qui a indisposé envers la France cette nation intéressée et l'a décidée en faveur de Napoléon. » Nous donnons pour ce qu'elles valent ces considérations politiques de corps de garde. C'est en tout cas le résumé de ce que l'on criait sur les toits à Porto-Ferrajo vers la fin de février.

Le 24, la *Partridge* débarquait six anglais à Porto-Ferrajo. Son capitaine, Adye, montait aux Mulini, parlait avec l'Empereur, lui apportant une fois de plus des nouvelles de France, et repartait immédiatement pour Livourne se tenir à la disposition de Campbell, absent depuis une dizaine de jours.

Le commissaire anglais, avec son intelligence si ouverte, son esprit observateur, ayant ses petites entrées aux *Mulini*, ne pouvait pas ignorer les plans de Napoléon, que tout le monde connaissait dans l'île et ailleurs. Il le montra en s'arrangeant de façon à lui laisser le champ libre. Le 24 février il se trouvait à Florence, sans doute à filer le parfait amour ; le 25 à Livourne, d'où il repartit le 26 dans la nuit, au risque de rencontrer la flotille impériale, pour arriver à Porto-Ferrajo le 28. Or d'habitude le trajet à la voile dure une demi journée tout au plus. Ajoutons que le 26 un autre officier anglais avait encore débarqué et s'était longuement entretenu avec l'Empereur, lui remettant plusieurs paquets de correspondances soigneusement cachetés. L'agent de Mariotti nous a conservé le récit de l'arrivée de Campbell le 28. En débarquant à la Santé, le commissaire anglais demanda si l'Empereur était à Porto-Ferrajo (ce qu'il ne demandait jamais en pareille circonstance, remarque le rapport). On lui annonça le départ de l'avant-veille. Alors Campbell se rendit chez Pauline, à qui il dit avec une irritation trop bruyante et trop étrangère à ses habitudes d'homme du monde pour ne pas être jouée : « Votre frère m'a manqué de parole, puisqu'il avait promis de ne pas sortir de l'île ; mais la Méditerranée est pleine de vaisseaux, et à cette heure il est prisonnier. » Il ajouta des menaces, et la timide Pauline lui répliqua fièrement qu'on ne parlait pas ainsi à une femme. Cette scène, devant témoins (le général Lapi entre autres y assistait), semble avoir été arrangée d'avance par Campbell pour mettre sa responsabilité à couvert. Si les Anglais l'avaient voulu, rien ne leur était plus facile, avec leur flotte remplissant la Méditerranée, suivant le mot de leur commissaire général, que d'arrêter les fugitifs. Il est impossible de ne pas comparer cette évasion au retour d'Égypte, quand le général Bonaparte, abandonnant son armée dans les sables du désert, passa si miraculeusement à travers la croisière anglaise. Le rapprochement s'impose à ce point que dès la première minute, dans sa lettre du 1ᵉʳ mars citée plus haut, Mariotti disait au duc de Dalberg : « C'est une fatalité. Voilà la seconde fois que Bonaparte échappe aux Anglais ! »

Dans toute l'Europe, l'opinion accusa le gouvernement britannique et ses agents de complicité. Campbell lui-même, se trouvant à Nice le 14 mars, écrivait : « Lord Sunderland arrive de Marseille. On y croit généralement que les Anglais ont favorisé le retour de Napoléon, et on y est furieux contre nous. La même idée prévaut dans le Midi de la France et en Piémont. Un journal de Turin qu'on vient de me faire lire le déclare positivement. »

Un autre homme très au courant des événements dans lesquels il avait joué son rôle, Fleury de Chaboulon, s'exprimait en ces termes : « On est persuadé assez généralement que l'évasion de l'Empereur de l'île fut favorisée par le capitaine (sic) Campbell ; je ne le pense pas. *Mais tout porte à croire que cet officier avait reçu de son gouvernement l'ordre de ne point s'y opposer*[1]. » Ne point s'opposer à un départ, n'est-ce

---

[1] *Mémoires* de Fleury de Chaboulon, I, 153, note. Remarquons qu'en 1819, époque de la publication de Fleury, un français, surtout bonapartiste, pouvait malaisément avouer l'entente de Napoléon en 1815 avec ceux qui le torturaient alors à Longwod.

donc pas le « favoriser » ? Nous avouons ne pas saisir la nuance.

Pour se faire une opinion définitive sur le rôle des Anglais dans l'évasion du 26 février, il suffit d'examiner les explications fournies par leurs hommes d'état. Au milieu d'avril, un débat considérable eut lieu sur ce sujet au Parlement britannique. A la Chambre des Communes, le 19, lord Castlereagh déclara que la flotte du Royaume-Uni toute entière n'eût pas suffi à empêcher Napoléon de s'évader (!!!); que du reste en poussant plus loin les mesures de surveillance, le gouvernement aurait violé l'esprit du traité de Fontainebleau. Castlereagh prit énergiquement la défense du colonel Campbell à la tribune des Communes; lord Liverpool l'imita à celle de la Chambre des lords. Castlereagh écrivit même à lord Wellington pour couvrir le commissaire anglais et le recommander spécialement, en disant : « La malheureuse évasion de Napoléon si imprévue et si désastreuse qu'elle puisse être à la cause de l'humanité, ne saurait être attribuée en aucune manière à sir Neil Campbell. » Est-ce en ces termes que le gouvernement anglais, dur jusqu'à la cruauté pour ses agents malheureux, — témoin l'infortuné amiral Byng, — eût parlé de l'évasion de l'Empereur, en amnistiant Campbell, coupable au moins d'une extrême négligence, si la fuite de Napoléon ne fût pas entrée dans les combinaisons du *Foreign Office* ? On peut donc affirmer hautement que l'opinion européenne ne se trompait pas en invoquant la lourde responsabilité et même la connivence de l'Angleterre.

Napoléon lui-même d'ailleurs, après son débarquement, en marchant sur Paris, disait et autorisait ses partisans à répéter qu'il avait pour lui non seulement l'Angleterre mais encore l'Autriche[1]. De Castellane, dans les Hautes-Alpes, il envoyait des agents à Marseille, colporter les mêmes propos, destinés à paralyser une levée de boucliers royaliste[2].

Enfin le colonel Campbell, dans son *Journal*, se défend mollement, pour la forme. Il déclare que même présent à Porto-Ferrajo du 15 au 26 février, il n'aurait rien pu connaître des projets de l'Empereur. Les rapports que nous publions nous dispensent de prendre au sérieux une allégation pareille. Elle ne vaut pas d'être discutée. La présence seule de la *Partridge* en vue de la

---

[1] On lit à ce sujet dans un livre aujourd'hui fort rare, l'anecdote suivante : « On sait que tout le long de la route, de l'île d'Elbe à Paris, Bonaparte ne faisait que parler de sa trêve de vingt ans avec les Anglais, des navires qu'il attendait de l'Autriche, et du prochain retour de l'impératrice Marie-Louise. Lorsqu'il fut parvenu à s'emparer du pouvoir, il ne fut plus question de toutes ces belles promesses. Un plaisant afficha au Pont-Neuf l'avis suivant : « Un particulier venant de l'île d'Elbe, a perdu son portefeuille dans lequel il y avait un traité de paix et le transport de sa femme. On promet une récompense honnête à celui qui le rapportera aux Tuileries « *Bonaparte, sa famille et sa cour*, par un « chambellan forcé de l'être ». Paris, 1816. II, 347.

[2] Voir le *Mémorial* du baron Peyrusse, témoin oculaire, pag. 283, et le *Napoléon à l'île d'Elbe* d'Amédée Pichot, pag. 241.

rade n'aurait-elle pas matériellement empêché et les apprêts et le départ?

Au demeurant, le commissaire anglais n'eut à subir aucune disgrâce. Nommé major-général, puis gouverneur de Sierra Leone, il mourut de la fièvre dans cette colonie en 1827.

VII

Lapi, gouverneur de l'île d'Elbe. — Napoléon donne sa bibliothèque à la ville de Porto-Ferrajo. — Le grand duc de Toscane s'en empare. — Traces du passage de Napoléon à l'île d'Elbe. — Plaques commémoratives. — Les *Mulini*. L'ermitage de *Monte Capanna, San Martino*. — Le musée Demidoff. — Sa dispersion aux enchères à la vente San Donato. *Etiam periere ruinæ*.

En quittant Porto-Ferrajo, Napoléon avait laissé au général Lapi une lettre destinée à être communiquée à la population. Lapi imitant l'exemple que lui avait donné dix mois auparavant son prédécesseur le général Dalesme, inséra ce billet de l'Empereur dans une proclamation aux Elbains. Voici ce document:

« Habitants,

« Notre auguste souverain, rappelé par la divine Providence à son antique gloire, a dû abandonner notre île. Il m'en a donné le commandement; il a délégué le gouvernement civil à six des plus distingués parmi les citoyens; il a confié à votre attachement éprouvé, à votre courage la défense de la place et le maintien du bon ordre.

« *Je pars de l'île d'Elbe, m'a-t-il dit. Je suis entièrement satisfait de la conduite de ses habitants. Je leur confie la défense de ce pays auquel j'attache la plus grande importance. Je ne puis leur donner une preuve de confiance plus grande que de laisser sous leur garde*[1] *ma mère et ma sœur. Les membres de la junte et tous les habitants de l'île peuvent compter sur mon affection et sur ma protection spéciale.* »

« Habitants, voici l'époque la plus heureuse et la plus mémorable pour vous. De votre seule conduite dépendent votre gloire et votre bonheur perpétuel. Si vous voulez acquérir l'une et l'autre, continuez à obéir aveuglement aux sages dispositions que les junte, les autorités et les fonctionnaires publics vous donneront en cette circonstance.

« Heureux Elbains, vous ne vous laisserez pas souiller par les insinuations perfides des ennemis du bon ordre ! »

Les six membres de la junte étaient : l'intendant Balbiani, ancien sous-préfet de Porto-Ferrajo ; le maire Traditi, et Vantini, tous deux ex-chambellans ; Senno, frère d'un officier d'ordonnance de Napoléon ; Arrighi, et Bigeschi,

---

[1] Pour peu de jours, comme on l'a vu. Mais les bons Elbains ne savaient pas que les malles des princesses étaient déjà bouclées. Il était inutile de le leur dire.

dont la femme, s'il faut en croire les rapports de l'agent secret de Mariotti, faisait agréablement passer à l'Empereur le temps qu'il dérobait à Pauline et aux affaires politiques. Ce gouvernement improvisé sut tenir tête au colonel Campbell, qui tenta de faire occuper Porto-Ferrajo, en essayant, sans y réussir, d'intimider le général Lapi, à la suite de la scène chez Pauline, que nous avons racontée plus haut.

Dès son retour aux Tuileries, Napoléon, pour témoigner sa reconnaissance aux habitants de Porto-Ferrajo, fit don à la ville de sa maison des *Mulini*, « qui servira de casino et où l'on conservera la bibliothèque de l'Empereur, » disait le maréchal Bertrand dans une lettre au général Lapi, du 18 avril 1815. Le 6 juin, Lapi avisait de cette mesure gracieuse le maire Traditi et dressait de concert avec lui un inventaire des meubles et des livres. L'historiographe de l'île, Giuseppe Ninci, fut nommé directeur du palais et conservateur de la bibliothèque. Le 8 juin, le conseil municipal adressa à Napoléon des remerciements au nom de la cité, dans une lettre que nous ferions un cas de conscience de ne pas traduire intégralement :

« A la sacrée Majesté de Napoléon le Grand, Empereur de France.

« Sire, quelque grande que fut l'amertume des habitants de Porto-Ferrajo alors que l'heureux génie de la France arracha V. M. de leur sein pour effectuer la grande œuvre de la régénération du plus florissant des empires, leur joie fut pourtant plus grande encore et sans limite en apprenant que ce noble effort de votre inimitable courage et de votre grandiose génie avait été couronné du résultat le plus glorieux et le plus flatteur. Ils ont souvent souhaité de pouvoir témoigner à V. M. les sincères sentiments dont ils sont animés ; mais les obstacles des circonstances les ont obligés à ajourner l'accomplissement de ce sacré devoir.

« Pendant que les habitants de Porto-Ferrajo s'étudiaient à donner un ample essor aux transports de leurs cœurs, les soins paternels de V. M. leur réservaient encore une preuve plus qu'évidente de sa prédilection particulière, par la donation à leur cité de ces murs fortunés qui servirent à l'habitation de votre auguste personne.

« Gardiens d'un gage aussi cher, ils ne souffriront jamais qu'il soit foulé aux pieds par l'étranger[1], avant que tous les moyens de défense ne soient complètement épuisés ; une inscription en marbre[2] attestera aux siècles futurs ce don précieux, souvenir éternel de votre clémence, qui a daigné agréer les témoignages de notre déférence vis-à-vis de votre auguste personne.

---

[1] Allusions aux tentatives des Anglais qui avaient menacé d'occuper Porto-Ferrajo.
[2] Chose rare, en un pays où le goût des plaques commémoratives est si développé, celle-ci n'a pas été posée.

« Reconnaissants pour une si haute bienfaisance dont V. M. ne cesse de nous combler, permettez, Sire, qu'interprètes des vœux de nos concitoyens, nous renouvelions, au pied de votre trône, nos plus vifs sentiments de reconnaissance et d'attachement, et les hommages sincères de fidélité, de parfait dévouement avec lesquels nous nous déclarons, de Votre Sacrée Majesté Impériale les très fidèles sujets[1]. »

Par malheur, avant la fin de 1815, Ferdinand III, grand-duc de Toscane, jugea à propos de reprendre la villa des *Mulini* à la municipalité de Porto-Ferrajo ; il restitua les meubles à sa nièce Marie-Louise, et, après avoir confisqué les livres les plus précieux de la bibliothèque, il ne rendit à la ville que ceux dont il ne voulut pas. Porto-Ferrajo protesta inutilement pendant plus d'un demi-siècle contre cette confiscation. En 1880 seulement, le gouvernement italien voulut entendre raison dans une certaine mesure. Il garda les *Mulini*, mais donna en échange à la ville un bâtiment domanial situé près de la Porte Neuve.

Il est intéressant d'examiner en quel état sont aujourd'hui les différentes résidences elbaines où se reposa un moment le maître de l'Europe. Le gouvernement italien n'a pas tiré grand profit des *Mulini*. Le premier étage est inhabité, sans un meuble, sans un ornement, sauf dans le grand salon où deux bustes des grands-ducs Léopold et Ferdinand, placés en

[1] *Archives municipales de Porto-Ferrajo.*

face l'un de l'autre, ont l'air fort surpris de se trouver dans les appartements de leur terrible neveu. Le rez-de-chaussée est occupé par les bureaux du génie.

Nous avons déjà dit que la très modeste maison Vantini est habitée par le sous-préfet de l'île d'Elbe. Une plaque de marbre blanc, dans le salon, rappelle seule le souvenir du passage de Madame Mère. L'inscription est à relever :

GIORGIO MANGANARO
DIVENUTO POSSESSORE DI QUESTA CASA
FA SAPERE AI POSTERI
CHE NEL 1814 E 15
FU ALBERGO DI LETIZIA BUONAPARTE
E CON LEI IL PIU DELLA GIORNATA QUI STAVA
NAPOLEONE

Une autre plaque commémorative a été placée en 1875 au côté gauche du fort *Stella*. Quant à la Municipalité, où Napoléon résida quelques jours en mai 1814, lors de son débarquement, elle contient la mairie, la sous-préfecture, le tribunal, la prison, le télégraphe, l'octroi, la caisse d'épargne, la perception, etc., etc., sans compter la bibliothèque, située au rez-de-chaussée, où figure un millier de volumes ayant appartenu à Napoléon, ceux que le grand-duc de Toscane a dédaignés et qui ne portent pas au dos l'initiale N. Histoire, philosophie, littérature, romans, c'est le fond de la bibliothèque banale d'un notaire royal d'avant 1789. On y montre un état du budget de 1815 signé par

Napoléon et un dessin à la sépia du lieutenant-colonel d'artillerie Mellini, représentant l'embarquement du 26 février. Au premier étage, un portrait en pied de l'Empereur orne la grande salle de la mairie, et dans le cabinet du syndic on peut voir l'ancien pavillon impérial elbain avec les abeilles d'or, ainsi qu'une Vénus accroupie d'après l'antique, statue demi-grandeur nature en marbre blanc, autrefois aux *Mulini*, et que la municipalité put soustraire aux revendications du grand-duc.

La rampe d'escalier qui monte de la Municipalité aux forts et à la palazzina a reçu le nom de *salita Napoleone*. Le théâtre municipal, donné en 1819 par Ferdinand III à l'Académie des Vigilants, a été conservé tel quel. On y voit encore un assez joli lustre empire et un rideau du temps représentant Apollon gardant les troupeaux d'Admète. Dans la première loge de face, ancienne loge impériale, trois fauteuils Louis XVI auraient, suivant la tradition, servi à Napoléon, à Pauline et à Madame Mère.

Pour terminer cette excursion sommaire aux résidences elbaines de Napoléon, disons que l'île de Pianosa est devenue une colonie agricole, défrichée par les forçats, et qu'à Porto-Longone l'édifice dit le « Pavillon », où habita parfois l'Empereur, a été transformé en caserne pour la petite garnison qui garde le bagne où se trouve le forçat Amilcar Cipriani, nommé sept fois député à Ravenne et à Forli, aux derniers renouvellements de la Chambre italienne.

A l'église du Monte-Capanna, la municipalité de Marciana a placé en 1863 une plaque commémorative ainsi conçue :

> NAPOLEONE I
> VINTI GLI IMPERI
> I REGI RESI VASSALLI
> DAI RUTENCI GELI SOPRAPPRESO
> NON DALLE ARMI
> IN QUESTO EREMO
> PER LUI TRASFORMATO IN REGGIA
> ABITAVA
> DAL 23 AGOSTO AL 14 SETTEMBRE 1814
> E RITEMPRATO AL GENIO IMMORTALE
> IL 26 FEBBRAIO 1815
> DA QUI SLANCIOSI A MERAVIGLIARE
> DI SE
> NOVELLAMENTE IL MONDO.
> IL MUNICIPIO DI MARCIANA
> CON ANIMO GRATO E RIVERENTE
> A TANTO NOME
> DECRETAVA DI ERIGERE QUESTA MEMORIA
> IL 18 FEBBRAIO 1863.

Un ermite « laïque », en pantalon de velours à côtes et en bras de chemise, montre aux rares voyageurs, d'un air discret, la chambre où il couche aujourd'hui et où passa deux nuits, en septembre 1814, la grande dame mystérieuse dont nous avons raconté la visite.

Mais c'est à San-Martino que le souvenir de Napoléon s'est le mieux conservé. Cette petite maison entourée d'arbres, avec sa vue superbe sur la rade de Porto-Ferrajo, fut achetée en 1851 aux héritiers de l'Empereur par le prince Anatole Demidoff, déjà séparé de sa femme, la fille du roi Jérôme. Le prince Demidoff professait pour le fondateur de la famille à laquelle il s'était allié une admiration sans bornes, et il avait déjà réuni une collection considérable de souvenirs napoléoniens. En achetant San-Martino, son intention était d'abord de conserver la petite maison telle quelle, sans en changer le caractère, ensuite de créer à côté un musée monumental en l'honneur de Napoléon Ier. L'architecte Nicolas Matas fit le plan de l'édifice, dont la première pierre fut posée en octobre 1851. C'est un bâtiment d'un bel effet, une galerie longue de soixante-trois mètres, haute de dix, ornée de colonnes corinthiennes, décorée d'aigles, d'N et d'abeilles. Le toit de cette galerie, enduit de ciment, forme terrasse à niveau du rez-de-chaussée de la petite maison de San-Martino. Le musée sert, pour ainsi dire, de piédestal à l'habitation de Napoléon. Dans cette galerie, dont le devis s'éleva à près d'un million de francs, le prince Anatole Demidoff entassa une collection d'une valeur inappréciable, objets ayant appartenu à l'Empereur ou à sa famille, portraits de généraux, tableaux de batailles, statues de toute espèce, une notamment de Madame Mère assise, par Canova. Ce musée attirait à Porto-Ferrajo une quantité considérable de visiteurs ; il était la gloire de l'île, où l'on regarde le fils de Lœtitia comme un frère italien. Cette opinion est fort répandue d'ailleurs dans la Péninsule, et en bien des endroits le bonapartisme le plus enthousiaste y fait le meilleur ménage du monde avec le misogallisme le plus intransigeant. Aussi conçoit-on le dépit et l'irritation des Elbains quand, à la mort du prince Anatole, son neveu et héritier, M. Paul Demidoff, fit déménager toutes ces reliques et ces objets d'art à Florence où ils furent vendus à vil prix dans la fameuse vente San Donato. On a pu voir en octobre 1886 divers objets de lingerie provenant de cette vente, serviettes, mouchoirs, chemises et bas, exposés à Paris chez un marchand de tableaux de la rue Laffite. Le musée dispersé, M. Paul Demidoff vendit, en 1881, la propriété elle-même à un florentin, M. G. Giuliani, qui l'habite actuellement et en fait, de fort bonne grâce, les honneurs aux étrangers.

La petite maison, abritée par un micocoulier planté de la main de l'Empereur, a été conservée dans son état primitif. Le prince Paul Demidoff n'a pas pu emporter les murs ; il a même oublié de faire enlever un lit et une table à écrire, seuls débris du mobilier impérial. Les deux pièces les plus intéressantes sont un salon, au plafond peint ; le sujet a été donné au peintre par Napoléon : « Deux pigeons attachés à un même lien dont le nœud se resserre à mesure qu'ils s'éloignent. » Nous n'essayerons pas de déchiffrer ce rébus, sans doute à l'adresse de la fidèle Marie-Louise. Ce salon a vue sur la rade : derrière, contre la montagne, est la salle à manger avec un bassin et un jet d'eau. Les murs sont recouverts de fresques égyptiennes inspirées par le vainqueur des Pyramides ; sur un des murs, un groupe de Vénus éthiopiennes se baigne dans le Nil. En face, autre paysage oriental, avec des palmiers et des colonnes brisées, chargées d'hiéroglyphes. Napoléon, toujours fataliste et préparant son expédition du golfe Juan, a fait tracer sur l'une d'elles ces trois mots : *Ubicumque felix Napoleo*[1]. L'ensemble de la décoration est d'un goût plus que douteux, aussi a-t on peine à comprendre que Las Cases ait écrit à Sainte-Hélène : « L'Empereur parlait des maisons qu'il avait bâties à l'île d'Elbe. Les meilleurs artistes d'Italie se disputaient l'honneur d'y travailler, et sollicitaient comme une faveur de pouvoir les embellir[2]. »

Quant à la galerie Demidoff, toute resplendissante encore de ses revêtements de marbre multicolore, elle sert en ce moment de grenier à foin. Le lecteur nous saura gré de lui épargner de trop faciles considérations sur le néant de la gloire, et de ne pas commenter une fois de plus le classique *sunt lacrymæ rerum*.

---

[1] Napoléon avait adopté cette devise, par bravade pour le Congrès de Vienne, et il fit frapper à Milan des médailles portant en exergue cette légende : *Napoleo imperator et rex, dominus Elbx, ubicumque felix*. Campbell dans ces Mémoires dit qu'il n'a jamais eu l'occasion de voir une de ces médailles. Elles étaient pourtant assez communes.

[2] *Mémorial*, III, 17.

ANNEXES ET PIÈCES JUSTIFICATIVES

SUR

NAPOLÉON A L'ILE D'ELBE

ANNEXES

ET

PIÈCES JUSTIFICATIVES

—

Ainsi que nous l'avons dit, le gouvernement français entretenait à Porto-Ferrajo plusieurs émissaires secrets. Aussi à côté des rapports de l'agent mystérieux dont nous avons souvent cité les dépositions, avons-nous entre les mains un dossier considérable composé de lettres, de notes, de feuilles volantes, de listes interminables de tous les étrangers arrivés à l'Elbe pendant l'espace de dix mois. Mais ces documents n'ayant pas de date, il est impossible de les classer et de s'en servir utilement. D'ailleurs tous sont écrits en mauvais italien, d'une écriture souvent indéchiffrable.

Nous nous contenterons donc de donner à la suite des pièces justificatives, et à titre de curiosité, les rapports du pseudo-marchand d'huiles que nous avons pu retrouver dans les Archives du Consulat en France à Livourne. Ils constituent le véritable journal de l'Île d'Elbe. Plusieurs sont écrits sur du papier sans doute à l'usage de Napoléon, avec de jolis filigranes dans la pâte. Les feuilles format in-4° ont sur le premier feuillet le portrait de l'Empereur, et sur le second celui de Marie-Louise, très ressemblant et fort élégant, au milieu de cartouches de dix centimètres de diamètre. L'inscription « Marie-Louise d'Autriche *E*mpératrice et reine » témoigne de la fabrication de ce papier par des ouvriers ignorant le français.

Les feuilles in-folio ont aussi un double filigrane. D'un côté l'empereur, de l'autre un aigle tenant au bec une branche de laurier.

Toutes les pièces publiées ci-après sont tirées des Archives du Consulat de France à Livourne.

PIÈCES JUSTIFICATIVES, N° 1

(Extrait d'une pièce de vers adressée à Napoléon)

Qu'un vil adulateur sur sa lyre affamée
Célèbre les Capets à la cour, à l'armée,
Du beau nom de guerrier pare un lâche soldat
Et d'un prêtre vendu fasse un homme d'Etat,
Pour moi je veux chanter ce fils de la victoire
Qui couvrit les Français de l'éclat de sa gloire.
Vainqueur de Marengo, d'Arcole et de Lodi,
O toi seul dont le nom ne peut être embelli,
Napoléon, jamais au milieu de tes princes,
Encensé de la cour, admiré des provinces,
Tu ne parus si grand à mon œil étonné
Que dans l'asile heureux que tu t'es réservé.
. . . .
. . . .
Plus grand dans les revers qu'au sein de la grandeur.
Napoléon se rit du sort persécuteur
Il saura le dompter, et l'Europe étonnée
Verra bientôt celui qui l'avait gouvernée
Apparaître aux Français plongés dans le sommeil
Comme un Dieu bienfaiteur qui hâte leur réveil.
. . . .

PIÈCES JUSTIFICATIVES N° II

(Voir page 62)

ETAT DU PLAN DE LA RÉVOLUTION

1° Le congrès de Vienne se dissoudra, à cause des manœuvres de Napoléon ou de ses agents, sans avoir définitivement terminé les affaires, et l'impératrice Marie-Louise contribuera à cette dissolution.

2° De la dissolution du congrès il résultera la guerre entre les puissances du Nord et la France et l'Espagne. Cette guerre est le premier pas vers la Révolution.

3° La Turquie, préoccupée par les événements actuels, et à cause des insinuations de Napoléon, troublera les plans du congrès et sera l'instrument qui fera éclater la guerre.

4° La guerre portera les armées des puissances loin de l'Italie, à l'exception d'une petite garnison autrichienne, et la Turquie, menaçant l'Autriche et la Russie, leur fera oublier pour le moment l'Italie.

5° L'armée napolitaine formera l'avant-garde et défendra les Italiens contre les gouvernements afin qu'ils puissent se réunir, pour la partie méridionale de l'Italie, à Bologne, ville dévouée à S. M. et où les soldats italiens sont accourus en grande partie, et à Reggio de Modène, ville pleine d'hommes d'esprit et de soldats, à proximité de laquelle habite l'ancien ministre Fontanelli, dans une de ses propriétés, lequel peut agir sans se rendre suspect ; pour la partie septentrionale on se réunira dans le Milanais (j'ignore le nom de la ville), près de Brescia.

6° Les Italiens, réunis sur ces points protégés par l'armée napolitaine et garantis par les troupes actuellement en activité, puisqu'on a le serment des chefs de corps et des généraux qui ont pris service dans l'armée autrichienne, se rendront aux confins de l'Italie et empêcheront que les troupes étrangères ne passent la frontière.

7° La même chose arrivera sur le Rhin, du côté de la France, et Mayence sera le lieu de la réunion.

8° S. M. sera proclamé Empereur d'Italie ou des Romains, et tous les Italiens, en votent unanimement l'indépendance de l'Italie, défendront la Liberté de la Nation.

9° Les armes seront distribuées dans trois magasins de l'Italie (j'ignore leur existence)[1]. Ces armes ne seront déposées que lorsque l'armée italienne sera réorganisée, et l'Italie reconnue comme Nation par les puissances qui sont au delà des Alpes.

10° La Nation juive fournira l'argent pour les premières dépenses, et sera remboursée après l'établissement du gouvernement.

11° Il sera jeté des monnaies au peuple qui criera : Vive l'Italie libérée, vive l'Empereur Napoléon !

12° Pour des raisons politiques S. M. dira qu'elle veut conserver les Bourbons sur le trône de France, pourvu qu'ils payent deux millions par an, sans perdre de vue ce que feront ses partisans en France, afin de pouvoir dire, dans tous les cas : On m'a appelé, on a voulu de moi. Cette maison (de Bourbon) ne devra pas être maintenue longtemps sur le trône.

13° Pour la sûreté des Italiens mêmes, les souverains qui se trouvent actuellement en Italie resteront comme otages jusqu'à ce que l'Italie soit reconnue comme Nation. Pour ce qui concerne le Duc de Modène, le colonel Maranesi, qui commande les 150 dragons qui forment sa garde, et qui sont des anciens gardes italiens, promet d'arrêter le dit Duc et de le conduire, escorté par les mêmes dragons, au lieu qui lui sera destiné.

14. Le titre de Frère ou de bon Italien sera le titre

---

[1] Réflexion de l'agent qui a transmis cette pièce à Mariotti.

échangé entre les Italiens, et aucune vengeance ne pourra être exercée en matière d'opinions.

(*L'original en italien.*)

PIÈCES JUSTIFICATIVES, N° III

Le colonel Campbell au chevalier Mariotti, consul de France à Livourne.

(Voir page 87)

Porto Ferrajo, décembre le 26° 1814.

Mille remercimens, Monsieur le chevalier, pour votre bonté en m'envoyant les deux *Moniteurs* et le *Siège de Dantzig*. Je les ai prêtés à N — quoique j'aie beaucoup d'anxiété de les lire moi-même pour diminuer la tristesse de ma *retraite*.

Il est gai et fort. Il a vendu le riz qui était dans les magazins (sic) de Longone. *L'Inconstant* est à Civitta-Vecchia pour des blés. Je n'entends rien à M. Litta.

La comtesse de Jersey n'a pas encore fait sa conquête. Elle va quelquefois visiter la P. Pauline, mais il me paraît qu'on ne la cherche beaucoup.

Je vous suis extrêmement reconnaissant pour votre offre complaisante de m'envoyer les autres *Moniteurs*. Mais comme je ne compte de rester que quelques jours ici (peut-être) cela ne sera pas nécessaire.

Je vous prie, Monsieur le chevalier, d'accepter la nouvelle assurance de la consideration très distinguée avec laquelle j'ai l'honneur d'être votre très humble et très obéissant serviteur.

NEIL CAMPBELL.

(*L'original de cette lettre inédite est en français.*)

PIÈCES JUSTIFICATIVES, N° IV

Lettre de l'agent de Mariotti.

(Voir page 79)

Vi prevengo che *la partenza* mia da Portoferrajo sarà
Domenica. Ho veduto la villa *di S. M* essa per il paese è bellissima.
Noi stabiliremo *a giorni* i nostri affari ed il negoziato
dell'olio sopraffino. *protetto* dalla vostra attenzione e assiduità
e più ancora conosciuto *dagli* avvantaggi avuti e per la Pace
fra gli Americani e *nglèsi* ci produrrà un utile non indifferente
Io ho dato tutte *le disposizioni* affine di ultimare qualunque
interesse in Portoferrajó. *Sono su questo* particolare a dirvi che
non ho avuto altro *oggetto* che il comune interesse.
Ho fatto conoscenza con *Carlo Albert francese* negoziante che ho
trovato all' Isola ; *credo che* questo Signore potrà darmi
lumi qualora esso *l'abbia* la volontà, motivo che la mia
partenza non è stata *accelerata*. Addio.
Di quello che si rimase è impossibile effettuarlo.

PIÈCES JUSTIFICATIVES N° V

(Voir page 79)

Porto Ferrajo, le 2 mars 1815 [1].

Monsieur

Je vous ai annoncé par ma dernière le
Je ne peux pour le présent vous faire passer
départ de N.. et ses circonstances. Voilà cinq

---

[1] Nous conservons l'orthographe de ce billet écrit en français par un italien, et tout brûlé par les réactifs. Il est adressé à Monsieur Charles Louchon, négociant, via grande, n° 1225, à Livourne.

les minéreaux que vous me demandé, parce que
je n'ai encore ce qu'il vous convien.
Je vous prie donc d'avoir patiance que
dans peut je ferais tout pour vous servir
et meriter votre estime.

Je suis Monsieur votre serviteur

Hipolite.

jours qu'il ne peut sortir aucun bâtiment
de l'isle. J'ai tanté plusieurs fois et je
n'ai peut réussir vue que la sortie était
gardée et les expéditions arrêtée. La princesse
est partie le 1ᵉʳ mars, et l'on croit qu'elle doit
aller en un château près Piombino. Il reste encore
ici la Mère et la comtesse Bertrand et un vieux général
italien. La place a été conférée au chambellan Lapi
avec six des principaux habitants et recommandé au
bon Elbani[1]. Il y a environs une trantaine de soldats
qui n'ont pas trouvé pour embarquer. On craint ici que
les Anglais ne veut s'emparer de la place. Le 26, jour
du départ, la corvette anglaise commandée par le colonel Chambelle est arrivée, a débarqué d'autres anglais qui sont montés au château. Un moment après se
sont rembarqué, et partie de suitte. Un heur après les
troupes ont eut l'ordre du départ. A six heurs ils étoit
tous embarqué, a huit s'est embarquée N. et une grande
partie de ses équipages aux cric mille fois repettée des
troupes Vive L'Empereur. Les troupe embarqué peuvent-
être neuf cens h. environ et cinque batimens compo-
sent la flotte. On prétend qu'il se dirige sur Freguse, le
28 la corvette est revenue, le millord est venue avec le
canot à la santé, a demandé des nouvelles de N... on
lui a dit quil etoit partie, il a fait semblant de se facher,
de là allé chez le Maréchal on lui a dit de même ; il est
monté au fort l'Etoile comme pour voir sil verrais encor

---

[1] « Aux bons Elbains. »

la flotte, en descendant du fort il rencontre un serviteur de la princesse à qui il dit que si la princesse avais des lettres à faire passer, quelle devais les envoyer de suite à la santé, que de suite il partais. Je vous ai demandé dans ma dernière si je devais suivre je n'ai eut de reponse. Je vous prie de me faire a savoir ce que je dois faire, je me suis menagé des amis que je peut suivre l'armé sans être reconnue. Je vous prie d'offrir mes services au roi, il serois bien au cas de malheur de bruller l'Ecrit que j'ai fait.

PIÈCES JUSTIFICATIVES N° VI

Etat de la suite de Bonaparte au départ de l'île d'Elbe.

Le maréchal Bertrand.
Le général Cambronne, commandant d'armes.
Le général Drouot, gouverneur.
Le bataillon de la garde, moins 15 canonniers.
L'escadron des Polonais moins une douzaine de cavaliers.
Le bataillon des Corses moins 80 hommes environ.
Les gendarmes au nombre de 30 au plus.
Gabazzini.
Boinaux, inspecteur général.
Libert, colonel.
Lacourt, commissaire des guerres.
Vautier, inspecteur.
Nouyer, commissaire.
Poggi.
Ruhl, aide de camp,
Bertrand, capitaine.
Peyrusse, payeur général.
Turaux, médecin.
Pons (de l'Hérault), directeur des mines.
Milli, chirurgien.

Corses.

Ambroggi, colonel du 4ᵉ de ligne ; Benedettini, lieutenant colonel ; Colombani, id ; Arrighi, id ; Paccioni, id ; Rigo, capitaine. Puluani, id, et son frère ; Salicetti, capitaine ; Farcioni, officier de marine ; Casabianca, capitaine ; Paolani, id ; Filidori, capitaine du port ; Filidori son fils, capitaine ; Pio lieutenant ; Branculeani id ; Bazzi, id ; Ciampolini, id ; Cipriani, Battisti, Maconi, non militaires.

Elbains ou Italiens.

Bargili, officier du génie ; Bargili, lieutenant ; Bellini officier d'artillerie ; Fassi, capitaine au bataillon franc ; Vantini, capitaine ; Vantini, officier d'ordonnance ; Senno, idem ; Perez, id ; Manganaro, id ; Calderai, id ; en outre tous les employés de la marine sont partis sur des bâtiments de guerre ou des vaisseaux marchands.

Partis pour la Corse.

Javera, colonel ; Poli, lieutenant colonel ; l'ancien procureur général de Rome ; Fiorella ; Ottavi ; Taverti médecin.

PIÈCES JUSTIFICATIVES, N° VII

LE JOURNAL DU MARCHAND D'HUILES

Extraits des rapports de police inédits adressés au chevalier Mariotti, consul de France à Livourne. —

(Traduction de l'italien).

30 novembre.

Mardi 29 novembre à 9 heures ½, parti de Livourne ; mercredi 30 novembre à 7 heures environ, arrivé à

Porto-Ferrajo. Après m'avoir admis en libre pratique, la Santé me demanda mon passeport et voulut savoir ce que je venais faire. Je montrai mon passeport en disant que j'étais venu vendre de l'huile.

De la Santé on me conduisit, avec les autres passagers, chez le commandant d'armes où se trouvait aussi le général Cambronne, le premier soldat de France. On me fit les mêmes questions, en ajoutant si je connaissais quelqu'un à Porto-Ferrajo. Je répondis : Calderai, qui était dans les gardes de la princesse Elisa. *C'est bon : allez !*

D'abord nous nous occupâmes, Litta et moi, de trouver un logement, voulant éviter l'hôtel où les lits étaient placés comme dans un hôpital ; ensuite de déjeuner, après 24 heures de jeûne.

A 9 heures du matin, nous allâmes au restaurant Roland, mais inutilement, parce que la comtesse de Polignac avait retenu tout l'appartement pour son usage personnel, et le restaurateur était devenu son maître d'hôtel. En conséquence nous fûmes obligés d'aller à l'hôtel Bouroux qui est très cher.

A dix heures, Litta se mit à la recherche de son correspondant milanais, et moi sur les traces de Calderai et de Manganaro, que je rencontrai et avec qui j'allai au café. Ces deux individus me demandèrent tout de suite des nouvelles du continent. Je leur répondis en termes généraux en abondant dans leur opinion. Ils me firent connaître les forces de la garnison qui s'élevait à 1,500 hommes environ, et ajoutèrent que si les amis du continent étaient prêts, ces héros replaceraient vite S. M. sur le trône. En prenant un verre de rhum, on but à l'Empereur et à son futur débarquement.

A 11 heures nous allâmes nous promener avec Litta et un nommé Vincent Pio, officier italien du bataillon de l'île. Près du nouveau théâtre en construction, Litta fit la connaissance d'un certain Rossetti, milanais, employé aux salines, homme à la tête chaude : ils demanda tout de suite des nouvelles de plusieurs personnes de Milan et quand il apprit qu'elles étaient sans emploi, il répondit : Les choses changeront.

A midi, nous allâmes à la messe ; ensuite nous nous promenâmes sur la place. A 1 heure tout le monde était rentré.

A 3 heures nous louâmes des chambres.

A 4 heures dîner au restaurant Bouroux ; on nous plaça avec 8 Corses, tous employés.

Parlant avec eux, je leur appris que j'étais lucquois, et ils me demandèrent des nouvelles de Fournier, et de Rossi, neveu du prince Bacciochi. Litta entama un discours avec le plus âgé d'entre eux pour savoir quels étaient les usages, et l'étiquette qu'il fallait observer pour parler à l'Empereur, au maréchal Bertrand et aux autres généraux. Après avoir obtenu ces renseignements, nous sortîmes. Je saisis cette occasion pour dire à Litta : Je vois que tu vas dresser un plan et que tu le concertes de manière à en sortir avec honneur. Tu devrais me mettre au courant de tout et je tâcherais de te servir. Je suis un militaire sans emploi, et je reprendrais de nouveau mon ancien métier. Il me répondit : Je connais maintenant tes intentions : demain nous en causerons ; allons au café. On prend le café et, tout de suite, il lie amitié avec des officiers italiens qui le reconnaissent : nous restons environ une heure : ensuite la fatigue nous oblige à nous retirer.

Jeudi, 1er décembre.

A 7 heures j'étais avec Litta qui, après plusieurs questions, me demanda quelle était la cause de mon voyage dans l'île. Je lui répondis que c'était pour y faire le commerce de l'huile, mais que si j'avais pu m'occuper de quelque chose, je l'aurais fait volontiers, ayant toujours été attaché à la famille de l'Empereur. Connaissant maintenant ma volonté, Litta me déclara qu'il ferait tout ce qu'il pourrait en ma faveur, d'autant plus que lui ne demandait rien. Il comptait se présenter non seulement aux principales autorités, mais aussi à S. M. et à la princesse Pauline.

A 8 heures ¹/₂ Litta s'habilla et se rendit chez Vantini pour passer après chez le maréchal Bertrand. J'allai chez la bonne amie du commandant d'armes, que j'avais connue et que j'avais fait prévenir de ma visite. Elle m'apprit que son amant lui avait raconté, à table, que la princesse Pauline lui avait dit que dans peu de temps on aurait connaissance du plan de l'Impératrice Marie Louise,¹ et que les choses changeraient complétement. Elle ajouta que S. M. se trouvant, un jour, au cercle avec le gouverneur (Drouot) s'exprima ainsi : Hé bien, Général, qu'en pensez-vous ? serait-il trop tôt de sortir de l'île pendant le carnaval? Le général répondit : V. M. le sait mieux que moi. La bonne amie ne put m'en dire davantage, afin d'éviter tout soupçon, et me promit que nous nous verrions encore plusieurs fois avant le départ.

A 10 heures je retrouvai Litta, qui avait fait ses visites. Il fut reçu seulement par Vantini, le maréchal Bertrand, affligé par la mort de son fils ne voulant voir personne. L'adjudant major de la place arriva et lui dit que S. E. le gouverneur désirait le voir : il s'y rendit immédiatement. Je l'attendis au café et à son retour je lui demandai le motif de cet appel. Il me dit qu'il avait été reçu avec beaucoup de politesse, et que le gouverneur (Drouot) lui avait demandé des nouvelles sur l'état de l'esprit public à Milan et sur les forces dont les Autrichiens disposaient en cette ville, ainsi que des informations sur plusieurs familles. Il l'engagea, s'il voulait être reçu par l'Empereur, à demander une audience par une lettre adressée à M. Traditi chambellan de service; ce que Litta s'empressa de faire;

¹ On remarquera qu'à Porto-Ferrajo tout le monde pensait que Marie-Louise, au lieu d'oublier son mari, entretenait avec lui des correspondances politiques et travaillait pour lui; il est vrai que l'on supposait qu'elle était venue à Marciana, lors du voyage de la comtesse Walewska.

M. Traditi lui répondit qu'il le présenterait demain à S. M.

Nous allâmes, ensuite, au Café de la Place passer quelques heures.

Vers 2 heures de l'après-midi plusieurs Milanais et Italiens sont entrés au Café, en compagnie de Rossetti. Litta les a reconnus, et ils ont parlé du passé, mais tous les discours se terminaient ainsi : « Quand viendra le jour de notre triomphe ? » Ces italiens se plaignaient de la prépondérance prise par les Corses dans le pays ; ils font ce qu'ils veulent ; les Italiens et les Français voient cela de mauvais œil.

Le soir, après avoir dîné nous allons au même café. Un homme habillé de noir arrive, appelle Litta et lui dit que Mme la comtesse de Polignac prie M. Litta de se rendre chez elle. Il a répondu qu'il y irait.

Aujourd'hui S. M. a fait sa promenade habituelle en sortant par la porte de terre, en rentrant par celle de mer.

1er décembre.

Avec un air mystérieux, un officier italien nous a affirmé que S. M. l'impératrice Marie Louise, quoique dissuadée par les généraux autrichiens qui l'accompagnent, et malgré les ordres de son père, est venue dans l'île, avec son fils, dans les derniers jours du mois d'août ; qu'elle débarqua à Longone où se trouvait l'Empereur et où elle resta un jour et une nuit [1]. Il est défendu de parler de cela dans l'île. Il a ajouté qu'une visite semblable avait été faite par le roi Joachim, pendant le mois de septembre, et que plusieurs émissaires avaient été envoyés par lui dans l'île.

Pour l'arrivée de la princesse Pauline, l'Empereur a envoyé à Naples un navire avec quatre officiers supé-

---

[1] C'est l'histoire de la visite de Walewska. L'agent encore peu au courant de la géographie de l'île a confondu Marciana avec Longone. Mais la date est bien exacte.

rieurs pour l'embarquer. Le roi Joachim leur a remis un pli et les a décorés de l'ordre des Deux-Siciles.

D'après le même officier, un ingénieur anglais étant venu dans l'île, se présenta à l'Empereur et lui demanda la permission de prendre le plan de l'île et des forts : l'Empereur la lui accorda pourvu qu'il prît les plans de l'extérieur. Mais S. M. ayant été prévenue qu'au lieu de se livrer à ce travail il prenait connaissance de tous les points intérieurs, des eaux, conduits, canaux, le fit arrêter et expulser. A la suite de cette affaire, les Anglais ont perdu de leur crédit. Malgré cela, tous les huit jours, le même navire la *Partridge* paraît devant l'île, il fait des observations, des recherches, et il part. Il y a des espions anglais dans le pays.

A Capo-Liveri il y a eu une révolte parce que l'on refusait de payer l'impôt foncier. Douze gendarmes qui s'étaient rendus là bas pour en exiger le paiement ont été obligés de s'enfuir. S. M. leur fit des reproches en leur disant qu'il croyait avoir des corses courageux mais qu'ils étaient des lâches. Il y envoya deux compagnies et on paya.

Le brick de l'île l'*Inconstant* est parti il y a quelques jours de Porto-Ferrajo pour Longone, où il est allé charger des munitions de guerre. On ne sait pas si ces munitions seront débarquées à Portoferrajo ou à Naples.

Par ordre de l'Empereur, il est défendu d'accorder des congés aux militaires français de sa garde : plusieurs en avaient fait la demande, mais on la leur a refusée, et ils sont très mécontents.

Vendredi, 2 décembre.

A huit heures j'ai trouvé Calderai, Manganaro et le lieutenant Pezzella. Avec la permission du général, nous sommes allés voir les forts ; j'ai remarqué que c'étaient moins des forteresses en état de défense que des magasins d'armes et de munitions.

A onze heures nous avons trouvé Litta, qui est venu avec nous. Au bout de quelques pas, il m'a fait comprendre qu'il désirait me parler. Nous avons quitté les autres et nous sommes allés hors de la porte du côté de terre. Il m'a dit qu'il est resté une heure et demie avec l'empereur : je l'ai prié de me raconter ce qu'il lui avait dit. Il m'a répondu que S. M. a demandé des nouvelles d'Italie, et qu'ils avaient eu l'entretien suivant :

Emp. — Que voulez-vous ?

Litta. — J'ai l'honneur de vous présenter mes hommages et de vous offrir mes services, car je vous ai consacré ma vie.

Emp. — Que fait-on à Milan ?

Litta. — On ne pense qu'à V. M.

Emp. — Y a-t-il beaucoup de troupes dans toute l'Italie ?

Litta. — Il y avait environ 60,000 hommes, mais une grande partie sont déjà rentrés.

Emp. — Que fait mon grand chambellan ?

Litta. — Il est affligé de votre perte.

Emp. — Bellegarde [1] est-il aimé ?

Litta. — Non.

Emp. — Comment se conduit le duc de Modène [2], est-il aimé ?

Litta. — Il tâche de se faire aimer, mais on ne l'estime pas. Étant habitués à votre gouvernement, les Italiens ne peuvent se résigner à devenir si petits.

Emp. — Qu'est devenue ma garde ?

Litta. — Personne n'a voulu prendre du service

---

[1] Le comte Henri de Bellegarde, né à Chambéry en 1760, entra au service de l'Autriche qui le fit feld-maréchal. Il fut gouverneur général des provinces autrichiennes d'Italie, et resta gouverneur de Milan jusqu'en 1816.

[2] Le nouveau duc de Modène François IV d'Autriche, nommé par le Congrès de Vienne, connu surtout par sa haine des idées libérales. Sa petite fille épousa en 1847 le comte de Chambord.

avec les Autrichiens et une grande partie des soldats sont allés à Naples.

Emp. — A Naples.... et les troupes italiennes sont-elles rentrées d'Allemagne ?

Litta. — Pas toutes encore.

Emp. — Qui a pris du service chez les Autrichiens ?

Litta. — 6,000 hommes de troupes et 3 généraux Mazzucchetti, Bartolleti et Palombini.

Emp. — Comment ! Palombini a pris service avec les Autrichiens?

Litta. — Oui, Sire.

Emp. — Les Milanais sont-ils contents du nouveau régime, quel est l'état des esprits en Italie.

Litta. — Ils sont très mécontents, et le Milanais, le Piémont, une partie de la Ligurie, le Modenais, le Bolonais, les Légations, les Marches, la Vénétie, une partie de la Toscane et toute la Romagne, excepté quelques prêtres et les hommes de plus de 60 ans, sont tous pour vous.

Emp. — Etes-vous sûr qu'ils auront de la fermeté ?

Litta. — Sire, je ne suis pas généralement optimiste, mais quant à cela je puis vous affirmer qu'ils auront de la fermeté.

Emp. — Ah ! Je voulais faire tant de belles choses à Milan et dans toute l'Italie ! Dites-moi, êtes-vous seul, restez-vous ici ?

Litta. — Sire, je suis seulement de passage, je vais à Naples. Je suis venu ici avec un jeune homme qui a servi dans les troupes de V. M. et qui, pour avoir soutenu votre cause, se trouve sans emploi [1].

Emp. — Est-il Milanais?

Litta. — Non, Sire, Il est toscan.

Emp. — Pourquoi n'avez-vous pas pris du service

Litta. — Parce que je ne pourrai jamais me soumettre à un autre service que celui de V. M. Maintenant

---

[1] C'est de l'agent secret de Mariotti qu'il s'agit.

pour ne pas être à votre charge, je ne demande rien, mais je prie V. M. de m'accorder de l'avancement à la première occasion.

Emp. — Comment et quand pourrais-je le faire?
(En prononçant ces paroles le visage de S. M. était devenu riant et gai.)

Litta. — Quand V. M. reviendra pour rendre les Italiens heureux et les réunir en nation, ce qu'on reproche à V. M. de n'avoir pas déjà fait, car elle aurait trouvé une Patrie qui l'aurait défendu jusqu'à la mort.

Emp. — N'aimaient-ils pas le vice-roi, n'étaient-ils pas contents de lui?

Litta. — Non Sire, parce qu'il les méprisait trop. Ce qui est arrivé au pauvre général Pino [1] et à tant d'autres qui étaient très dévoués à V. M. en est la preuve.

Emp. — Quel est le nombre des soldats en Italie qui n'ont pas pris service?

Litta. — 30,000 hommes environ.

Emp. — Donc vous allez à Naples et vous n'avez pas voulu prendre du service.

Litta. — Sire, je vais à Naples.

Emp. — Hé bien! avant de partir j'aurai le plaisir de vous revoir. — Adieu [2].

Il m'a dit aussi que l'Empereur lui a fait plusieurs autres questions, mais les points sur lesquels il avait

---

[1] Le général Dominique Pino, ministre de la guerre du royaume d'Italie sous le prince Eugène, en 1805, avait été disgracié plus tard, en 1813, par le vice-roi qui le soupçonnait non sans raison de seconder les secrets desseins de Murat. Pino ne fut pas étranger à l'insurrection qui éclata à Milan le 20 avril 1814.

[2] Cette conversation avec Litta, parut si caractéristique à Mariotti, qu'il la transmit au ministère des affaires étrangères, sans en changer un mot, sauf dans la réponse au sujet de l'unité de l'Italie, où Litta avait mis une nuance de reproche. C'est à cause de cette transmission à Jaucourt que ce document a pu être déjà publié, notamment par le général Iung dans les *Mémoires de Lucien*, (III, p. 193). D'autre part, Campbell en cite dans son journal des extraits que lui remit Mariotti.

insisté étaient ceux qui concernaient les troupes italiennes, l'opinion publique, le général Palombini et Naples. Les derniers mots *avant de partir* furent assez marqués par S. M.

Le soir nous allâmes chez Calderai; en sortant nous trouvâmes Rossetti et Casacchi; ce dernier parlant, de l'Empereur et de sa situation, nous dit : « Tous les Français qui l'entourent, excepté l'aide de camp Ruth, sont jaloux des italiens; ils sont bons soldats mais mauvais politiques. Si Napoléon, depuis 7 mois qu'il est dans l'île, avait eu avec lui des hommes capables, au lieu de ceux-ci, il serait déjà parti ; tant qu'il se laissera guider par eux, on ne fera jamais rien. Au moins Ruth sait qu'il n'est que soldat et n'empêche pas les autres de donner leur avis, au contraire il les aide, tandis que ses collègues vous éloignent. Quant à moi j'attendrai encore 3 mois; si à cette époque il n'y a pas eu de changement et qu'on ne puisse pas retourner en Italie, je m'en vais en Amérique, recommencer une autre vie ».

Aujourd'hui ni l'Empereur ni ceux de sa famille ne sont sortis du palais.

On publiera, le 1er janvier, le plan d'organisation de tous les employés civils et militaires de l'île : ce plan est déjà prêt mais il n'est à la connaissance de personne.

Deux individus, un Anglais et un nommé Martinetti, bolonais, sont arrivés dans l'île. Malgré les démarches qu'ils ont faites pour être présentés à l'Empereur, ils n'ont pas été reçus. On ignore le motif de ce refus.

On travaille beaucoup dans les arsenaux tant pour ce qui concerne la navigation que pour la réparation d'affûts. On a transporté de Longone à Porto-Ferrajo plusieurs pièces d'artillerie de petit et de gros calibre. Ces pièces ont été déposées sous le fort San Giuseppe, dans l'arsenal de Porta Nuova.

On fait les exercices et la manœuvre du canon et les canonniers sont toujours en mouvement.

Tous les forts sont gardés et il est défendu aux civils

d'y pénétrer. Même les militaires ne peuvent entrer dans les forts du Faucon et de l'Étoile sans l'ordre de l'Empereur pour le premier fort et du général Drouot pour le second.

Le service de place se fait comme si le pays était en état de siège.

Les officiers italiens et corses, notamment le commandant Colombani m'ont assuré que S. M. et le roi de Naples sont parfaitement d'accord.

Samedi, 3 décembre.

J'ai dû employer une grande partie de la journée pour la vente de l'huile ; et il m'a été impossible d'aller visiter le fort de l'Etoile. Le général Cambronne nous avait donné la permission, et il avait même la complaisance de nous accompagner dans cette visite.

Je suis resté avec Litta, lequel a écrit à Mme Colombani[1], pour être présenté à la princesse Pauline. Le chef de bataillon Colombani a appuyé auprès de sa femme la demande de Litta, et nous a invités lundi à passer la soirée chez lui, avec les deux Milanais Rossetti et Casatti.

Ce soir il y a eu réunion d'officiers au café. Il y avait une gaieté qui n'est pas habituelle. On a bu à l'Empereur.

S. M. devait aller à la chasse, mais il y a eu contre-ordre.

Aujourd'hui le brick anglais *la Partridge* est arrivé dans le port ; il a salué la place. Vers dix heures du matin le capitaine anglais Edye et le commissaire de cette puissance qui accompagna l'Empereur à l'île[2], se sont rendus chez le gouverneur, ensuite chez le maréchal Bertrand qui ne les a pas reçus, étant souffrant. Ils sont allés aussi au Palais Impérial où ils ont trouvé un bon accueil.

[1] Madame Colombani était dame d'honneur de la princesse Pauline.
[2] Le colonel Campbell.

Demain on tiendra grand cercle, toutes les autorités y ont été invitées.

4 décembre.

Aujourd'hui dimanche il y a eu revue, messe militaire et tir d'artillerie fait par les canonniers, à l'occasion de la fête de Ste Barbe. J'ai passé la journée à voir tout ceci et à visiter le fort de l'Étoile et le fort Saint-Joseph en compagnie de Litta. Le général Cambronne nous a honorés de sa présence. Le soir, au café militaire, nous avons parlé avec tous les colonels et les lieutenants colonels qui se trouvent dans l'île, et le colonel du 1er Léger a fait plusieurs demandes à Litta sur l'attitude de la police à Milan, et après en avoir été informé, il a dit qu'il devait se rendre à Milan et qu'il avait besoin de ces renseignements. Il partira dans quelques jours et débarquera à Livourne. Voici son signalement: taille moyenne, cheveux blonds, visage long, teint coloré; il est âgé de 40 ans environ. Son voyage n'est pas sans mystère. Aujourd'hui S. M. n'est pas sorti, et a fait une petite promenade dans le jardin derrière son palais, avec son uniforme habituel.

Aujourd'hui sont arrivés trois personnages anglais; deux d'entre eux ont une certaine importance; ils se sont présentés d'abord à la place et sont allés ensuite à l'hôtel.

Ce matin les officiers supérieurs ont tenu cercle: la comtesse Renard de Polignac s'y est rendue; mais elle est revenue si vite qu'il y a lieu de croire qu'elle n'a pas été reçue.

Les officiers et les autorités qui n'avaient pas encore été présentés à la princesse Pauline avaient reçu l'ordre d'y aller aujourd'hui à 4 heures 1/2. Mais à cause d'une fièvre de la princesse il y a eu contre-ordre.

D'après ce que j'appris, la comtesse de Polignac ne jouit pas d'une bonne réputation dans l'île. On dit qu'elle était une femme de très basse extraction, qui se vendait, et qu'après avoir fait une certaine fortune, elle épousa le prince Renard, lequel était dans une mauvaise position, et qu'actuellement resté veuve, elle se fait passer pour comtesse. J'ai pu savoir qu'elle n'est pas très aimée à la cour. Litta s'est abstenu d'aller chez elle.

L'anniversaire du couronnement et de la bataille d'Austerlitz est passé inaperçu. Les officiers corses ont fait entre eux un très bon dîner, ce qui a déplu au reste des officiers qui n'ont pas été invités.

5 décembre.

Ce matin sont arrivés à l'île 100 passagers parmi lesquels il faut noter Mme Henriette Filippi et une comtesse Roberti, d'Ancône.

S. M. a exigé de la police un rapport sur cette dame d'Ancône pour savoir qui elle est et ce qu'elle vient faire dans l'île. S. M. avait été prévenue, depuis quelques jours, de l'arrivée de cette dame, par un rapport venant de l'intérieur, du côté de Livourne.

La comtesse Polignac est assez mal vue par les habitants de Porto-Ferrajo, d'abord parce qu'elle a demandé, en arrivant, si les dames de Porto-Ferrajo étaient de son rang afin de pouvoir les recevoir : à cause de cette demande toutes les femmes la haïssent; ensuite parce qu'elle a attiré chez elle un Français établi dans l'île depuis longtemps, lequel ne jouit d'aucune estime. Cette dame va rarement à la cour parce qu'elle est soupçonnée.

On craint que par une nouvelle décision du Congrès de Vienne l'île ait une organisation anglaise, ou qu'elle ne soit plus habitée par l'Empereur. C'est pour cela qu'on arme et qu'on approvisionne le pays, puisque le gouvernement est décidé à défendre l'entrée de troupes dans l'île, surtout à Porto-Ferrajo. On prétend qu'après le Congrès l'Empereur ira rejoindre sa femme en Italie et qu'il emmènera avec lui la meilleure artillerie.

Mme Théologue, très belle femme, qui a fait fureur à Paris, habite ici avec son mari, lequel a une pension de 230 francs par mois pour faire un dictionnaire.

Le Payeur Général (Peyrusse) est l'amant de cette femme. J'ai fait aujourd'hui, en compagnie de Litta et de Calderai, une promenade à Longone. Le fort est beau, mais l'artillerie et les munitions sont en très mauvais état, il n'y a que peu de canons, et quelques mortiers. A mon retour à Porto-Ferrajo, j'ai parlé au neveu de Mastaldi, de Calvi, arrivé ce matin, lequel a raconté, avec un rire sardonique, l'insulte faite au consul de France, à Livourne, le soir de l'arrivée de Ferdinand. Il a dit aussi qu'à l'exception de 50 gamins, le peuple livournais, ne lui a fait aucune ovation, et a montré une grande indifférence, et que ces mêmes gamins sont ceux qui ont jeté des pierres à la fenêtre du Consul. Que Ferdinand est reparti comme un simple particulier, personne ne s'étant occupé de lui. Toutes les fêtes se sont bornées à une course de chevaux ; un cheval est mort.

Il a ajouté : « Qu'attend Napoléon pour débarquer avec 2,000 hommes ; s'il envoie une proclamation en Italie, à l'exception des villes maritimes, il réunirait dans un moment 100,000 hommes : même les troupes toscanes, à commencer par les officiers, seraient les premières. L'Italie ne peut plus rester dans cet état ; les princes autrichiens ne sont pas respectés et les armées alliées se sont attirées la haine des Italiens. »

Ce soir, je suis allé, avec Litta et Casacchi chez Mme Colombani, dame d'honneur de la princesse Pauline il y avait beaucoup de monde et nous avons parlé de choses insignifiantes.

6 décembre.

Pas même aujourd'hui Litta n'a pu voir la princesse : elle était malade et ne voulait recevoir personne.

Au café, j'ai été appelé par un jeune homme que j'avais déjà rencontré : je lui demande son nom et il dit s'appeler Fabiani, être Corse et soldat dans les Gardes et avoir été congédié. Il m'a dit être venu dans l'île pour s'y établir jusqu'au départ de l'Empereur, qu'il avait l'intention de suivre afin d'être employé dans le pays où il irait ; il a ajouté qu'il est très connu et qu'il pouvait rassembler à l'occasion, 2,000 hommes, dans son pays qui est l'Ile Rousse. Je lui ai demandé si, en Corse, il existait un parti en faveur de S. M. Il m'a répondu que si S. M. le désire, elle pourrait avoir 20,000 hommes sous ses ordres. Pour cela elle n'aurait qu'à envoyer en Corse sept ou huit des officiers supérieurs qui sont dans l'île. Parlant de lui-même il a dit avoir appris la chimie, et qu'il espère être placé, pour le moment, dans un hôpital.

En général, on dit que l'Empereur ne donnera signe de vie qu'après la décision du congrès, puisque les lettres qu'il reçoit de son épouse[1] l'assurent que son sort sera amélioré. En effet on dit que tous les travaux proposés par S. M. sauf le théâtre et les plus urgents, ont cessé, et on ne songe qu'à faire rentrer dans l'arsenal de Porto-Ferrajo toute l'artillerie et toutes les munitions.

S. M. a ordonné à l'architecte Bettarini de terminer pour dimanche la salle de bal[2] parce qu'il veut donner une fête.

S. M. qui permettait toujours aux Anglais de se promener dans son palais et dans sa villa, et qui se

---

[1] On sait que Napoléon ne recevait aucune lettre de Marie-Louise. Il n'avait des nouvelles de sa femme que par l'intermédiaire du baron de Méneval, attaché à l'impératrice.

[2] Au théâtre.

réjouissait quand il savait qu'ils y allaient, en a défendu l'entrée à tout le monde, même aux Anglais.

7 décembre.

Ce matin j'ai parlé un moment avec la bonne amie du commandant d'armes Lamoretti qui m'a dit avoir su de son amant que toutes les vues de l'Empereur sont sur Milan et qu'il risquera un grand coup sur cette province; que le colonel et tous les officiers de la Garde, qui fréquentent le commandant, sont très contents, et disent assez souvent : « quand nous serons à Milan. »

J'ai parlé pour la première fois avec un certain Coppi, qui m'a demandé des nouvelles de plusieurs personnes de mon pays. Il me connaissait depuis 96, quand j'étais à Pise. Engagé par moi à me dire son opinion sur les événements actuels, cet homme s'est exprimé d'une manière différente des autres: il blâmait l'Empereur de ne pas avoir libéré l'Italie, et il disait, en même temps que s'il ne hâtait pas ses opérations pour la délivrer du joug où elle est courbée, tout serait perdu. Je lui ai demandé : « Comment peut-on faire cela ? » Il me répond : « Si le Roi de Naples dit la vérité, il y a en Italie 30,000 malheureux qui attendent l'arrivée de Napoléon. »

Les lettres de Naples sont fréquentes ; le projet doit réussir.

Ce soir Vantini presentait la Filippi à l'Empereur. La société de Vantini est toujours fréquentée par les Anglais qui sont dans l'île.

8 décembre.

Ce matin à 10 heures il y a eu la revue de la Garde ; beaucoup de monde y assistait. J'étais avec Litta ; plusieurs officiers et des Français qui se promenaient sur la place se sont joints à nous. Un certain Vautier [1], qui

---

[1] Il était alors inspecteur des troupes.

était adjoint au commissaire-ordonnateur Mazade, en 1809 à Florence, m'a reconnu parce que j'avais été dans les Gardes et dans les Vélites ; laissant sa femme avec les autres, il est venu se promener avec moi et m'a demandé s'il y avait du mécontentement en Italie et quel parti se prononçait en faveur de Napoléon. J'ai répondu suivant son désir, et il m'a dit : Soyez persuadé qu'il restera peu de temps dans l'île ; aussitôt que cet homme aura mis le pied sur le continent, vous verrez la France en révolution : Son parti en France est très nombreux ; à ce parti se joindra celui de la Révolution, qui ne peut souffrir les Bourbons sur le trône, après les avoir condamnés comme elle a fait, ni se soumettre à leur tyrannie.

Il m'a dit aussi à ce sujet qu'en France on souffle le feu pour qu'il s'allume.

S. M. est allé à sa villa *(San Martino)* où elle est restée quelques instants.

La comtesse Roberti, d'Ancône, a eu une audience avec S. M. Après cette audience elle a exprimé le désir de partir. On dit que, comme une autre française qui est arrivée dans l'île il y a quelques mois, elle a apporté des lettres à S. M.

Les rapports de l'agent principal de Mariotti présentent des lacunes que nous n'avons pas voulu combler avec d'autres rapports non datés, de crainte d'inscrire des informations, dont l'exactitude scrupuleuse à jour dit fait le principal mérite, à une place qui ne serait pas la leur. D'ailleurs le « marchand d'huiles » s'absenta de Porto-Ferrajo au milieu de décembre, ainsi que le prouve le début du rapport suivant.

25 décembre.

Arrivé à Porto-Ferrajo dimanche matin, j'ai appris que Litta était parti pour Naples, depuis quelques jours et qu'avant son départ il avait parlé à S. M. en promettant d'écrire de cette capitale peu de temps après son arrivée.

On a tenu grand cercle à la cour où sont intervenues toutes les autorités civiles et militaires. M. Galeazzini[1] brillait avec sa grande tenue ; il a des conversations avec le souverain et fait l'amour avec la Bigeschi.

Le cercle étant réuni, S. M., parlant à des officiers généraux, leur demanda ce qu'on disait du Congrès, et s'il était terminé. On lui répondit négativement et il ajouta : Je vois qu'il faudra se battre de nouveau.

J'ai trouvé parmi les nouveaux arrivés ici, les nommés Sègres, juif modenais, Graviso, officier de canonniers à Capo d'Istria, Mino, chirurgien romain, un Corse qui était dernièrement procureur impérial à Rome et qui fait le philosophe, un autre qui était secrétaire de Salicetti (j'ignore les noms de ces deux derniers) et un conseiller d'État de S. M. Prussienne lequel a déjà eu un entretien avec S. M. Ce monsieur vient de Florence, où il a laissé sa femme et ses enfants ; il restera ici peu de temps et ira rejoindre sa famille ; il parle beaucoup avec les Corses, avec Arrighi, capitaine de navire, et avec Sègres. J'ai fait la connaissance de tout ce monde, mais je me suis plus particulièrement lié avec Graviso et Sègres et, par l'entremise de ceux-ci, avec le capitaine Arrighi.

26 décembre.

Lundi matin, j'ai parlé avec la bonne amie du commandant Lamoretti ; elle m'a rendu compte d'une conversation qui a eu lieu chez elle entre son ami et plusieurs officiers. S. M a reçu deux lettres de France dans lesquelles on lui fait connaître la situation de ce Royaume et le désir que les Français ont de retourner sous son gouvernement. S. M.a répondu qu'il était très sensible à leur affection, mais que si on le voulait il fallait que ces mêmes Français qui le désiraient vinssent

[1] Officier supérieur au bataillon Corse.

le chercher à l'île d'Elbe, lieu de son asile [1]. Cette dame ajouta que depuis quelques jours elle avait remarqué que tous ceux qui fréquentaient sa maison étaient plus contents que d'habitude et que leurs espérances augmentaient. Plusieurs officiers disent que les membres de la famille impériale seraient aussi plus contents.

Vers midi, je présentai mes compliments au commandant Colombani, en le chargeant de transmettre mes devoirs à Madame.

Plusieurs officiers corses que j'avais connus pendant le dernier voyage m'ont demandé des nouvelles du continent. Je leur répondis de mon mieux, en abondant dans leur opinion. Ils me firent savoir que dans peu de temps les choses auraient complètement changé. S. M. a reçu une dépêche l'informant que le général allemand, un des quatre qui l'accompagnèrent dans l'île [2] et qui lui promit de ne plus y retourner sans lui apporter la bonne nouvelle d'un changement de trône, était parti de Vienne pour Porto-Ferrajo, porteur de dépêches de cette cour et qu'on attendait son arrivée.

Ils me firent connaître aussi que lord Bentinck était allé, il y a quelques jours, à Porto-Ferrajo, [3] qu'il avait eu un entretien de deux heures avec S. M. et qu'ils étaient sortis ensemble riant et causant comme s'ils étaient dans la plus grande intimité. Ce monsieur est parti le lendemain pour Florence. Les habitants de Porto-Ferrajo parlent beaucoup de tout ceci. On dit que Lord Bentinck, dès son arrivée à Florence, s'est plaint à S. A. I. de l'attitude tenue par la Santé de Livourne vis à vis des sujets de Napoléon. Cette réclamation a eu pour conséquence la destitution d'un employé à la Santé de Livourne.

---

[1] On peut voir dans cette saillie de Napoléon une allusion à un projet de Restauration impérialiste dont Davoust, prince d'Ekmühl, fut un moment le chef, et qui consistait en un enlèvement de l'Empereur. Voir Vaulabelle, II, 183.

[2] Sans doute le général Koller, commissaire autrichien.

[3] Cette information nous semble fausse de tous points.

27 décembre.

Mardi matin, 27 courant, j'ai vu l'avocat Casatti. Nous avons parlé des événements actuels et il m'a déclaré que, sans faute, on quittera l'île dans peu de temps, parce que les affaires d'Italie marchent bien et que l'Empereur joue de son reste pour se faire proclamer Roi d'Italie. Casatti a présenté à l'Empereur des lettres qu'il a reçues du Royaume, par lesquelles plusieurs personnes, des plus notables, offrent, au besoin, à S. M. l'argent nécessaire pour mener à bonne fin son projet. Il m'a montré une lettre où il était question des faits ci-dessus mentionnés.

Je lui ai demandé quels moyens il employait pour recevoir les lettres dans l'île, ce qui est assez difficile. Il m'a répondu que cela dépendait des personnes qui étaient chargées de ces commissions: C'étaient, en général, les capitaines de navires sous pavillon de l'île ou génois qui lui portaient les lettres, mais celle qu'il me fit voir lui était parvenue par la voie de Gênes.

Pendant que nous causions est arrivé l'avocat Lemilit, français, celui qui à toute force est venu de Livourne à Porto-Ferrajo. Il avait connu Casatti à Leybach. Cet avocat français croit qu'il est impossible que la maison des Bourbons puisse continuer à gouverner la France. Il dit que le roi est un tyran ennemi de la gloire de la France laquelle a perdu par la faute de ce souverain les deux tiers de sa splendeur : que le seul homme capable de la gouverner est Napoléon et qu'à cause du mécontentement existant dans la nation, les Français le replaceront sur le trône. S'adressant à moi, il m'a dit qu'il croyait m'avoir vu à Livourne pendant que je parlais avec le patron d'un navire : je lui répondis que c'était vrai : il a voulu savoir si j'avais eu des difficultés pour venir dans l'île ; je lui ai répondu : aucune, puisque je faisais partie de l'équipage du navire. Je lui demandai à mon tour comment il avait fait pour s'y rendre ; il m'a dit qu'un domestique de l'Hôtel de la Croix

de Malte s'était chargé de tout et qu'il était passé en
contrebande. A ce sujet il a dit beaucoup de mal du
gouverneur [1] et du Consul de France qui se sont moqués de lui en se le renvoyant de l'un à l'autre. Il a dit
que le premier est un imbécile et que le second ne fait
pas son devoir, parce qu'il ne devrait pas agir de la
sorte avec les Français.

Les deux avocats ont ensuite parlé d'affaires et on
décidé d'envoyer des papiers et une lettre à Longone à
un certain Lambardi. Je n'ai rien compris dans leur
entretien.

J'ai appris ensuite qu'un certain lucquois qui s'appelle Louis et qui fréquente l'hôtel de la Croix de
Malte se charge, moyennant une petite rétribution, de
faire partir les étrangers pour l'île où ils arrivent sans
aucune difficulté.

Le bruit s'est répandu dans le pays que S. M. a appris que l'Impératrice Marie-Louise, après son départ
de Porto-Ferrajo, s'est aperçue qu'elle était enceinte.
Cette nouvelle a enthousiasmé le pays qui est fier d'avoir
donné l'hospitalité au héros du siècle. Les habitants de
l'île pensent que le jour où Napoléon sera replacé sur
le trône il n'oubliera pas cette île qui l'a accueilli
pendant que les autres peuples le chassaient, et où il a
eu un fils, et qu'il la rendra la plus heureuse de l'Italie [2].

28 décembre.

Mercredi j'ai vu le capitaine Arrighi. Nous parlions
de navires et je l'ai prié de me faire visiter le sien. Il
m'a répondu que son navire était en voyage. Je lui ai
demandé s'il était dans les environs de Livourne ou du
côté de la Corse, il m'a dit : du côté de Civitavecchia.

---

[1] Le général comte Stahremberg, autrichien.
[2] Allusion à la visite de la comtesse Walewska, qu'on avait prise pour Marie-Louise, au commencement de septembre. Voir le rapport en date du 1er décembre.

Je l'ai prié de me dire s'il était grand et s'il naviguait sous pavillon français. Il me répondit que c'était un petit navire portant, pendant ce voyage, le pavillon Elbain ; qu'il en possédait un plus grand, mais que les anglais le lui avaient capturé, qu'il était maintenant en pourparlers à Livourne pour l'achat d'un gros bâtiment, afin de pouvoir l'utiliser dans les entreprises où l'autre serait insuffisant.

Nous avons parlé du brick elbain [1]. Il m'a dit que ce navire était parti pour Naples, mais qu'il ne tarderait pas à arriver.

Ce matin le même navire anglais [2] est arrivé dans le port. Il est reparti deux heures après. Il y a à Porto-Ferrajo 8 à 10 anglais.

Après avoir quitté Arrighi, j'ai trouvé Sègres, juif, et Graviso. Ils m'ont appris qu'à Porto-Ferrajo on forme une liste de tous les jeunes gens qui viennent dans l'île, et qui sont du parti de Napoléon. Il y a également une autre liste pour ceux qui demandent à s'enrôler sans traitement, mais avec l'assurance qu'ils seront employés lorsque S. M. arrivera sur le continent. On m'a engagé à m'inscrire parmi ces derniers, le peu de commerce que je fais dans l'île me permettant de vivre pendant quelque temps, en me disant que j'étais sûr d'avoir un jour un bon emploi. Le général Drouot est chargé de former ces rôles.

J'ai répondu que je prendrai une résolution et pendant ce temps j'ai pris les mesures nécessaires pour obtenir des renseignements sur les résultats que produiront ces enrôlements.

29 décembre.

Jeudi, j'ai appris par Casatti, que Litta était parti pour Naples, avec une mission que S. M. lui a confiée. Casatti a ajouté que si le départ de l'Empereur était retardé, Litta reviendrait à l'île d'Elbe.

---

[1] L'*Inconstant*.
[2] Le *Partridge*.

La formation des listes est certaine : pour y être compris on demande un document constatant le grade ou un brevet. On est obligé d'établir son domicile dans l'île ; si quelque affaire particulière nécessite une absence, il faut demander l'autorisation qui n'est pas refusée.

Le brick (*l'Inconstant*) est parti de l'île depuis quelques jours. On ignore sa destination, mais on sait que ce navire a à son bord un pli sous cinq enveloppes superposées, lesquelles ne doivent être ouvertes l'une après l'autre qu'à des hauteurs indiquées, pendant le voyage. Ceux qui font des inductions pensent que ce bâtiment est allé chercher l'impératrice Marie Louise, d'autres prétendent qu'il est chargé d'effectuer des opérations secrètes pour le compte de S. M. puisque on se garde bien de faire connaître ses projets à qui que ce soit.

Quand il fait beau, S. M. fait sa promenade habituelle à San Martino.

Vendredi, 30 décembre.

Les canons sont tous dans le même état, on n'aperçoit aucun changement. On voit seulement que des affûts réparés et repeints sont préparés pour recevoir les canons de petit calibre.

On travaille activement dans les arsenaux à la réparer les roues des affûts, et à scier des planches pour en faire des caissons.

L'ordre de mettre en état les forts de la ville et les forts les plus voisins est exécuté. Ce matin, le général Cambronne, le commandant d'armes et plusieurs officiers du génie sont allés visiter ces forts. Le premier qui doit être mis en état de défense est celui qu'on voit en sortant par la porte de terre pour aller à San-Martino. C'est dans ce fort que lesdits personnages ont tenu séance.

Comme on dit ici que l'Espagne ou une autre puissance auraient l'intention de faire une expédition, on ne sait de quel côté, S. M. se met en état de la recevoir comme il faut, si elle était destinée à cette ile.

La forteresse de Longone termine son désarmement, on a retiré presque toutes les troupes qui y étaient en garnison ; elles seront probablement placées dans le fort sus indiqué.

Le nommé Gasparri frère du maire de Longone, doit quitter Porto-Ferrajo dans quelques jours. Il se rend à Bologne avec le juif Sègres, lequel ira ensuite à Modène.

Le capitaine d'un navire Sicilien, s'étant approché d'un des corps de garde de Porto-Ferrajo, a tenté de persuader les soldats qu'ils étaient mal payés et qu'ils auraient eu tout avantage à prendre du service en Toscane ou ailleurs. Il a été arrêté par ces soldats eux-mêmes, et on prétend qu'il sera jugé comme un recruteur pour le compte de l'ennemi. D'autres pensent qu'il sera seulement condamné pour avoir tenu des propos imprudents.

Aujourd'hui trois navires marchands étaient dans le port : un Ottoman, un Sicilien et un Anglais ; ce matin on en a vu d'autres qui ont pris la direction de Gênes.

On dit que le pavillon Elbain ne serait pas respecté par la Régence de Tunis comme il l'est par celles d'Alger et de Tripoli [1].

Samedi, 31 décembre.

J'ai été très occupé avec Monsieur et Mme Colombani. Je les ai priés de me rendre service en me procurant les moyens d'être utile à S. M. Ils m'ont promis de s'en occuper et de satisfaire mon désir. Ma demande n'avait d'autre but que de tirer les vers du nez à Madame.

J'ai appris par un ingénieur, qui était présent quand

---

[1] Voir sur le respect inspiré par le pavillon Elbain aux barbaresques le *Mémorial de Sainte Hélène*, III. 13. Par contre, dans son *Journal*, le colonel Campbell nous montre que l'Empereur ne croyait ni ses bateaux ni même l'île de Pianosa en sûreté à cause des courses des Corsaires algériens.

S. M. a parlé au grand maréchal, que le brick (*l'Inconstant*) est à Naples, que des caisses ont été expédiées
dans cette ville vides pour être remplies et qu'on attend bientôt l'arrivée de ce navire.

On arme les forts Saint-Cloud, des Anglais et du Mont-
Albe[1]. Trois officiers ont été déjà désignés pour les
commander; ils seront pourvus d'un nombre suffisant
de troupes qui resteront en garnison pendant un mois.

On prépare des appartements à l'occasion de l'arrivée
de l'impératrice Marie-Louise; S. M. a ordonné la trans-
formation en appartement du pavillon du commissaire
des guerres et des officiers, dans lequel sera logée la
princesse Pauline, qui laissera l'appartement qu'elle
occupe à l'impératrice[2].

Un ingénieur qui tous les jours a des entretiens
avec S. M. m'a dit que toutes les constructions qu'on
exécute par ordre et pour compte de la cour ne peuvent
durer en bon état que pendant six mois étant des travaux provisoires.

La nuit dernière on dit qu'il est arrivé un Polonais,
écuyer de S. M. l'impératrice Marie-Louise. Il m'est
impossible de vous garantir l'exactitude de cette nouvelle.

Le fort *Falcone* est approvisionné et prêt à toute
éventualité. Le bruit de la vente des canons n'a aucun
fondement. Je puis vous dire, à ce sujet, que j'ai vu
tous les jours monter des canons.

La forteresse de Longone n'a presque plus de canons;
ils ont tous été transportés à Porto-Ferrajo.

Ces jours-ci ont été congédiés, par ordre de S. M.
une trentaine de militaires qui en avaient fait la demande.

La bonne humeur de S. M. augmente plus que

---

[1] Le fort de Saint-Cloud se trouve à peu de distance de la
Porte de Terre, près des magasins à sel. Les forts des Anglais
et du Mont-Albe sont sur des collines au couchant, à deux kilomètres environ de Porto-Ferrajo.

[2] Pauline habitait le premier étage des Mulini.

jamais ; tous ceux qui l'entourent s'en sont aperçus.

Après avoir reçu une lettre il était tellement content que, se promenant dans son salon, il se frottait les mains, et en riant tout seul.

La nouvelle de la rupture du congrès de Vienne [1] a été accueillie avec joie dans l'île. On dit que cette rupture aura pour conséquence une guerre à laquelle la France prendra part ; par suite le rétablissement de S. M. sur le trône aura lieu, d'autant plus qu'un accord existe avec les différents chefs de l'armée française qui proclameront Napoléon comme souverain : On parle aussi d'une révolte dans le royaume d'Italie.

Les travaux du port de Campo [2] commandés après mon départ sont suspendus.

Graviso, officier de canonniers, a fait savoir que dans les états de Reggio et Modène, Montecuccoli et sa femme, dame d'honneur de S. M. l'impératrice reine agissent en faveur de S. M. Le général Zucchi, quoique ayant pris du service sous les Autrichiens, est une personne sur laquelle ont peut compter, capable de faire faire un changement de front aux soldats placés sous ses ordres.

Le maréchal Bertrand, en son nom et en celui de S. M., a dit à cet officier : « Vous serez récompensé de vos soins, et vous serez un des premier à obtenir de l'avancement. »

Graviso a également annoncé que 214 officiers italiens, qui se trouvent actuellement dans le Duché de Modène et de Reggio, sont prêts à prendre les armes, et qu'il pourrait former à Capo d'Istria, son pays, un bataillon composé de personnes dévouées à S. M.

Le capitaine du port (Philidor) est parti subitement on ne sait pour quelle destination. Quelques-uns disent qu'il est allé à Piombino, pour ordonner aux autorités de ce pays de laisser librement passer les passagers qui

---

[1] C'était une fausse nouvelle répandue périodiquement tous les quinze jours.

[2] Campo, petit port au sud de l'île, vis-à-vis Pianosa.

viennent dans l'île ; d'autres pensent qu'il est parti pour aller reconnaître deux bâtiments français[1] qui croisent en Corse, afin d'empêcher qu'un grand nombre de Corses ne se rendent dans l'île pour augmenter les forces de Napoléon.

Le 1er janvier on formera la garnison du fort Anglais : elle se composera de 100 Corses, de 10 canonniers et du colonel Benedettini commandant, lequel a reçu l'ordre de ne pas quitter Porto-Ferrajo.

Les mêmes mesures ont été prises relativement aux deux autres forts déjà nommés.

1er janvier 1815.

Ce matin on a tenu grand cercle ; toutes les autorités civiles et militaires sont en mouvement à l'occasion des souhaits de bonne année. S. M. et les princesses ont exprimé leur satisfaction.

A 9 heures du matin sont partis les détachements destinés aux forts dont je vous ai parlé. Le capitaine Frediani, qui était lieutenant à Piombino, commande le fort Saint-Joseph, et le lieutenant colonel Benedettini le fort Anglais.

Par ordre du souverain, le capitaine du port a été envoyé à Piombino, afin de reconnaître les deux navires[2] qui ont été aperçus des hauteurs et de savoir pourquoi ils se trouvent dans ces parages. Deux autres individus parmi lesquels se trouve le nommé Bigeschi, sont allés l'un à Piombino, l'autre à Livourne pour savoir pourquoi on empêche les étrangers de venir à l'île d'Elbe.

Après le retour du capitaine du port, on a entendu dire qu'il n'y a rien à craindre des frégates. On a égale-

---

[1] *La Fleur de Lis* et la *Pomone*, deux frégates de la croisière aux ordres du général Bruslart, gouverneur de la Corse.

[2] Les frégates françaises de l'escadre de Corse dont nous avons donné les noms.

ment su que l'entrée dans le port ne sera permise qu'à trois navires de guerre seulement[1] ; les forts empêcheraient l'entrée d'autres navires. Si tout cela est vrai, je le saurai.

Lundi matin sont partis: le juif Sègres, pour Livourne, où il restera 10 ou 12 jours, chez son frère ; le prussien Klamproth pour Florence ; le médecin Mino pour Piombino, d'où il se rendra à Civitavecchia. Comme Mino n'avait pas fait viser son passeport à Porto-Ferrajo, le délégué de Piombino l'a fait arrêter, reconduire à bord et l'a renvoyé à Porto-Ferrajo. En conséquence il repartira pour Civita vecchia, à la première occasion, sans toucher Piombino ; il se rend à Rome pour voir ses amis et ira ensuite à Naples, résidence qui lui convient, dit-il, dans les circonstances actuelles.

Tous ces mouvements ont éveillé des craintes dans l'île, les habitants craignaient d'être assiégés ; mais quand ils ont constaté que l'on faisait des préparatifs pour parer à toute éventualité, le calme s'est rétabli.

On donne comme certain que la révolution a éclaté en Corse, ou tout au moins, dans une grande partie de cette île, surtout du côté de Balagna et de l'Ile Rousse. Dans une seule échauffourée plus de cent soldats et cinq ou six paysans auraient été tués. On dit que cette révolte est fomentée et soutenue par le parti de Napoléon. Les Corses veulent faire croire qu'ils sont en mesure de triompher.

Parlant avec plusieurs sous-officiers, j'ai pu me rendre compte de l'esprit des troupes françaises. Pour le moment les soldats ont de l'argent, ils s'amusent et croient partir dans le courant du mois de mars. Les paroles prononcées par S. M. à la cour, en parlant du théâtre : « Nous passerons ces jours d'hiver le moins mal possible, et nous tâcherons de passer aussi agréablement que possible le printemps, » ont causé une

---

[1] Nous avons vu que le gouvernement français avait interdit à ses vaisseaux de s'abriter dans la rade de Porto-Ferrajo, même en cas de tempête ou de danger imminent.

pénible impression aux troupes en leur faisant supposer que le départ était ajourné. Je reparlerai de ceci plus tard.

Mardi, 3.

J'ai appris que le prussien Klamproth est venu dans l'île pour présenter ses respects à l'Empereur et pour l'informer que sa chute a été causée par la société dite des *Vertueux*, organisée en Prusse et composée des premières familles du Nord ; que cette société a attiré à elle et a corrompu les meilleurs généraux qu'il avait, a mis la discorde dans les troupes de la confédération du Rhin. Il l'a également prévenu que la dite société fait tout ce qu'elle peut pour le faire tuer, et que dans ce but elle expédiera dans l'île trois sicaires bien déguisés.

Fausse ou vraie, cette nouvelle a été la cause de mesures exceptionnelles. On a proposé au Prussien de se faire recevoir à la loge des francs-maçons ; mais il a refusé. Ce refus permet de supposer qu'il fait partie de la société dont il a parlé.

Dans l'arsenal on a fabriqué des caisses, qui ont été mises en magasin.

Les canons de campagne montés jusqu'à ce jour sont au nombre de vingt.

Mercredi, 4 janvier.

Six passagers français avec deux enfants sont arrivés de Naples par un navire sous pavillon anglais ; ils ont l'aspect misérable. Le mauvais temps nous empêche de sortir. Le navire est génois et se rend à Marseille.

Jeudi, 5 janvier.

On dit à Porto-Ferrajo que la nuit dernière 200 bombes ont été chargées et montées dans les forts, et que S.

M. a reçu un courrier extraordinaire. On a vu des navires tout près de l'île, et à la suite de cette apparition on assure que la grande fête annoncée pour dimanche n'aura plus lieu. Cependant, dans l'après-midi, on a envoyé les invitations aux personnes qui devaient assister à cette fête. Le mauvais temps continue et nous empêche de sortir.

J'ai appris aujourd'hui qu'un des secrétaires du général Andréossi ambassadeur à Constantinople prend fait et cause pour S. M., et tâche de décider le Sultan à déclarer la guerre. Il m'a été impossible de savoir son nom. Un certain Kemps, français, qui était à Dantzick, est aussi un agent secret de Napoléon. Je ne sais pas s'il se trouve en France ou ailleurs en ce moment.

Vendredi, 6.

Ce matin est arrivé un brick anglais : quatre officiers ont débarqué et ont demandé à parler à l'Empereur. Il leur a été impossible de le voir, et, à 4 heures, le brick est reparti se dirigeant vers le ponant.

Les bombes ont été chargées, et les forteresses qui environnent Porto-Ferrajo sont toutes bien armées et ont une garnison, suivant leur importance.

On a déjà formé les tableaux des officiers des régiments qui seront organisés sur le continent. Après le débarquement les officiers seront choisis pour la plupart parmi ceux qui se trouvent actuellement à Porto-Ferrajo, et qui font partie de la Garde et du bataillon corse.

Hier, 5 courant, S. M. a reçu sept lettres provenant presque toutes du côté de Longone, où le capitaine du port a été envoyé.

Des lettres venant de Livourne, apportées par un navire génois qui embarque du poisson, ont annoncé l'annexion de la Ligurie au Piémont, en échange de l'île de Sardaigne cédée à l'Angleterre [1]. La nouvelle de cette annexion a produit une bonne impression : les napoléonistes disent que cette mesure augmentera leur parti, parce que les Génois haïssent le souverain de Sardaigne. On dit que plusieurs familles, de cette ville, ne voulant pas rester sous la domination piémontaise, ont émigré. Les lettres susdites annoncent également que les affaires du Congrès sont plus brouillées que jamais, et que plusieurs négociants ont suspendu leurs opérations commerciales.

J'ai pu savoir, en ce qui concerne la révolution qui doit éclater en Italie, que le nommé Carandini, capitaine d'artillerie et du génie, commandant actuellement la place de la Mirandola [2], a déclaré être en mesure de livrer ce pays, et de prendre, en 25 jours, la forteresse de Mantoue, puisqu'il a travaillé pour le compte du gouvernement déchu aux fortifications de cette ville, où des travaux souterrains, inconnus aux allemands, ont été exécutés. Il y a une route par laquelle on peut surprendre une forte garnison et l'obliger à se rendre. Pour donner une preuve de son attachement, cet officier a fait savoir qu'il a refusé la place de major que le général Bellegarde lui avait offerte au nom de S. M. l'Empereur d'Autriche.

Il n'y a plus lieu de douter du roi de Naples : il est parfaitement d'accord avec Napoléon, puisque quand un officier se présente au gouverneur Drouot pour demander du service, et se dit dévoué à S. M., ce général lui répond au nom de son souverain de se rendre à Naples, et ajoute que ceux qui servent actuellement ce souverain servent l'Empereur. Si l'officier se rend à cette destination, on lui délivre un passeport et des papiers en règle. Ceci est arrivé il y a quelques jours à un Milanais, et de semblables propositions ont

---

[1] La cession de la Sardaigne à l'Angleterre était une imagination des nouvellistes.

[2] La Mirandola, petite place fort au Nord-Est de Modène, patrie du fameux Pic de la Mirandole.

été faites au docteur Mino qui se rend en cette ville, et au capitaine Gravisi, bien connu du maréchal Bertrand. Je crois, cependant, que Gravisi prendra la voie de Livourne pour aller à Modène.

Plusieurs changements de logement ont eu lieu ces jours derniers. Le général Cambronne a quitté le fort de l'Étoile pour s'installer en ville ; le général Drouot ira habiter ce fort, et laissera son appartement à un personnage qui doit arriver dans l'île. Il y a eu des mouvements parmi les officiers de la Garde, lesquels se sont retirés dans la caserne et ont quitté les pavillons qu'ils occupaient.

Aujourd'hui samedi 7, S. M. a visité tous les forts qui entourent Porto-Ferrajo : elle a ordonné des réparations qui ont été immédiatement exécutées.

Chaque fort a une garnison et des provisions. Aujourd'hui on a débarqué, pour compte du gouvernement, une quantité considérable de blé, qui a été mis dans les magasins.

La nouvelle de l'embarquement de 200 bombes est exacte.

On a donné l'ordre aux forts de tirer sur les navires de guerre s'ils entraient en nombre supérieur à trois.

S. M. a reçu trois plis venant de Bologne et adressés à la princesse Elisa.

Le bruit court que le général Masséna, lequel se trouve à Toulon, doit tenter un coup en faveur de Napoléon. On dit que Masséna qui commande dix mille hommes et a 18 navires de guerre sous ses ordres en ce port, a arboré le drapeau tricolore avec celui de l'île d'Elbe, et qu'il fait crier : Vive la République! Vive Napoléon !

La nouvelle donnée par la *Gazette* de l'annexion de la Ligurie au Piémont a été accueillie avec plaisir. On dit que cet événement augmentera le mécontentement de ces côtés-là et accroîtra le parti de la révolution. Les génois qui sont dans l'île ont l'intention de jouer un mauvais tour à ce souverain: tous ces propos se tiennent dans la librairie Marca.

Dans sa promenade d'aujourd'hui S. M. était suivie par 200 personnes au moins, la plus grande partie des marins génois; ils ont poussé quelques cris qui s'adressaient à Napoléon.

On est unanimement d'avis que la révolution aura lieu au plus tard au mois de mars prochain, et que toutes les dispositions ont été prises à ce sujet. Graviso partira pour faire, dit-on, lui aussi son coup; il portera des messages intéressants, notamment à l'ancien ministre Fontanelli qui habite le Modenais.

Demain soir dimanche, 8, il y aura grand bal et dîner de 200 couverts. Ceux qui par des motifs légitimes, ont décliné l'invitation ont été remplacés par d'autres.

On attend un courrier venant de France, avec des nouvelles intéressantes; on ignore s'il arrivera du côté de Livourne, de Piombino ou de Gênes.

Lundi, 9.

Je suis parti et retourné ensuite, j'ai remarqué qu'on fait des expéditions avec deux petits navires; le commandant de la marine est chargé de ces expéditions mystérieuses; il y a lieu de supposer qu'il va retirer des lettres, parce que toutes les fois qu'il est de retour il a un entretien avec S. M.

On a arrêté un homme qui vendait du beurre et autres articles; on m'assure que c'était un envoyé de la police de Livourne pour observer ce qui se passait ici; on en attend deux autres qui doivent arriver de cette même ville, pour leur faire le même compliment.

Le brick de l'île n'est pas encore de retour; on craint quelque malheur: demain on aura des nouvelles.

Mardi, 10.

Très mauvais temps qui nous empêche de partir.

Malgré le mauvais temps S. M. a visité de nouveau tous les forts.

Mercredi, 11.

J'ai essayé pour la troisième fois de partir. En sortant du port, j'ai vu arriver un petit navire sous pavillon toscan, qui est allé à la Santé. Mais lorsque nous sommes arrivés à la moitié du canal, le vent nous a de nouveau repoussés à l'île. A mon retour, j'ai appris qu'un homme est débarqué et a été présenté à l'Empereur, avec lequel il est resté une heure, et est reparti. J'ai su aussi que le commandant de la marine est rentré et a immédiatement parlé avec S. M.

Le soir j'ai appris que l'Empereur, auquel on avait dit qu'une partie de la France était en révolution, a répondu : « Tant mieux. » On dit aussi que le courrier qui a apporté cette nouvelle a été arrêté à Piombino et mis dans une prison murée, afin qu'il ne parle avec personne.

Jeudi, 12.

Un vent du Nord, très fort, nous a empêché de partir. Il a failli causer la perte du brick l'*Inconstant* venant de Civita-Vecchia; après avoir demandé secours, ce navire a dû se jeter à la côte de la Bagnaja [1]. Nous connaîtrons après ses avaries.

Le brick était chargé de blé pour le compte de S. M. et avait à son bord le général Ramorino. Quand S. M. apprit ce malheur il se rendit immédiatement à la Bagnaja pour voir dans quelle situation se trouvait le navire. Il a conduit dans sa voiture Ramorino, qui faisait partie de l'expédition de Rome.

On annonce l'arrivée de la duchesse de Saxe, pour laquelle le grand maréchal a demandé un logement à

---

[1] La Bagnaja est en face de la Linguella, de l'autre côté de la passe qui donne accès dans le golfe.

la mairie. Le brick pourra être renfloué lorsqu'il aura été allégé du blé et des canons qu'il a à bord.

Des nouvelles de Marseille ont été apportées par le capitaine d'un navire de Rio, qui est arrivé de France il y a deux jours. Il a dit que les autorités de Marseille, voyant le peuple qui criait *evviva* à son pavillon (Elbain) lui avaient ordonné de ne pas trop se montrer et d'amener ce pavillon, afin d'éviter des désordres.

Il est arrivé une chose assez curieuse : on a volé dans une batterie un mortier et deux obus.

Lord *(sic)* Campbell est arrivé et a présenté des papiers à S. M. Ce matin sa corvette est repartie.

On a vu que l'agent de Mariotti avait essayé plusieurs fois de quitter l'île pour se rendre sur le continent. Il finit par pouvoir mettre son projet à exécution, car une lacune d'un mois existe ici dans son Journal.

Il ne le reprend que le 16 février. Cette dernière période est la plus intéressante, puisqu'elle raconte les événements survenus dans les deux dernières semaines du séjour de Napoléon.

16 février.

J'arrive, et je continue mon journal. J'ai trouvé à Porto-Ferrajo les individus suivants, nouveaux venus : Taverti, médecin, ex-employé à l'hôpital de Milan, Corse ; Edmond, arrivé dernièrement de Naples, secrétaire de la princesse Pauline, Français ; Pietro Santi, contrôleur de la direction des postes, Corse ; Grossi, ex-capitaine marin Génois, lequel s'y est rendu afin d'obtenir le pavillon de l'Elbe ; Bianchi, Génois, secrétaire au commissariat de la guerre ; Guasco, qui résidait à Longone, commandant le bataillon corse.

En ce jour sont arrivés, venant de Livourne, les sieurs Clinoël, Watran, Caglion, tous gentilshommes anglais qui se sont rendus ici afin de parler à Bonaparte, (ils en ont fait la demande et demain seront reçus) ; Comparetti, Génois, qui sort de l'ancien 58ᵉ régiment et vient de Reims pour être enrôlé dans le bataillon de la Garde ; Pavis, négociant à Florence, lesquels ont été tous transportés par la felouque du patron Rospetti, Sarde, avec pavillon génois.

17 février.

Depuis mon dernier voyage, j'ai remarqué des changements dans le personnel. Un certain Chautard, capitaine de frégate, français, et qui en dernier lieu commandait une division de chaloupes à Toulon, a été nommé commandant du brick l'*Inconstant*, en remplacement de M. Taillade qui va être nommé capitaine des marins de la Garde.

Plusieurs officiers qui se trouvaient à la suite du bataillon corse ont été remerciés à partir du prochain mois de mars. On a aussi ordonné, à partir de la même date, la diminution du tiers ou de la moitié des appointements des employés qui touchent plus de cent francs. L'architecte Bettarini a été de même congédié ; on lui a conseillé d'aller à Naples.

En ce moment se trouve à Porto-Ferrajo un seigneur napolitain venant de Naples, qui a de fréquentes conférences avec Bonaparte. On assure que la corvette anglaise[1] a été dernièrement à l'île, et qu'elle y a apporté une somme considérable à S. M. et que le colonel Campbell avant de partir a eu plusieurs entretiens avec Napoléon. Durant ma courte absence ont été exécutés différents petits travaux. On a planté des mûriers le long de la route qui mène de Porto-Ferrajo à San-Martino, ainsi que sur celle qui du palais de Bonaparte[2] va au fort Falcone. Cette plantation a été faite sur la proposition de Mme Lætitia, pour servir dans quelques années à la nourriture des vers à soie. On a blanchi

---

[1] La *Partridge* (*Perdrix*) corvette de 18 canons, capitaine Edye, aux ordres du colonel Campbell.

[2] La palazzina *dei Mulini*.

l'intérieur du palais, devant lequel on a construit une balustrade en bois.

Aujourd'hui l'Empereur a été dans sa voiture ordinaire à Saint-Martin. Madame Mère l'a accompagné jusqu'à la moitié de la route; la Princesse Pauline s'y est fait transporter sur une gondole, pour jouir de cette belle journée.

18 février.

J'ai fait une visite de cérémonie à Mme Colombani [1], et l'ayant questionnée sur les nouvelles du jour, elle m'a raconté qu'il est arrivé de France à Porto-Ferrajo il y a quelques jours un personnage distingué, déguisé en marin, transporté par une felouque de Lérici. Il est reparti après avoir eu quelques conférences secrètes avec l'Empereur [2]. Cette visite a très visiblement réjoui Napoléon. La gendarmerie a cherché à connaître cet individu, mais on lui a défendu de s'en occuper.

Le vent cette nuit a fait entrer en ce port quatre bâtiments dont deux Français, un Sicilien, et un Sarde. Le brick (*l'Inconstant*) est sorti, mais il est rentré au bout de quelques heures, ne pouvant continuer son voyage à cause de l'eau qu'il faisait. Le capitaine a demandé à le réparer.

Plusieurs canons de vieux calibre ont été jetés sur le quai de la darse. On dit que ces pièces ont été vendues à un certain M. Brignole, génois, qui pourra en prendre livraison quand les lettres de change signées par lui auront été acceptées par les banquiers de Gênes. La comtesse de Polignac est partie parce qu'on lui a interdit l'accès de la cour et qu'on lui a demandé combien de jours elle comptait s'arrêter dans le pays.

M. Edmond, secrétaire de la princesse Pauline, que

---

[1] Dame d'honneur de Pauline.
[2] Ces détails visent évidemment Fleury de Chaboulon. Il n'arriva pourtant à l'île que le 22, le paragraphe, daté du 18, a été certainement transposé par erreur.

j'avais déjà vu à Porto-Ferrajo, est revenu de Naples où il avait été expédié avec des dépêches importantes. Il m'a dit que le roi Joachim a augmenté ses effectifs de quatre régiments d'infanterie, deux de cavalerie, et que le roi se préparait à rejoindre son armée. Voici comment on fait pour envoyer un émissaire sûr de l'île d'Elbe sur un point quelconque du continent. On lui donne un passe-port avec la qualification de *négociant*. Le passe-port est pour Naples, et dans cette ville le gouvernement lui donne un nouveau passe-port au même nom, comme si l'émissaire partait de Naples. L'émissaire peut ainsi aller librement où il veut. Ce système a été employé pour M. Edmond.

Au bureau du commissaire de police on a tenu des propos sur la politique, disant que l'impératrice Marie-Louise, au lieu d'aller à Parme, sera envoyée en Toscane par décision du congrès (de Vienne). On a parlé aussi des manifestations bruyantes survenues aux théâtres de Pistoie et de Pise, qu'on a connues par une lettre de Livourne ; et des contributions imposées par le grand duc Ferdinand, pour envoyer de l'argent à Vienne.

Un certain Baury a apporté à Porto-Ferrajo une maison de bois, comprenant cinq pièces sur un étage, démontable et transportable avec facilité. S. M. est sortie à pied, accompagnée du maréchal Bertrand et de deux officiers de service. Elle a traversé la ville en habit vert et en bas de soie, et s'est rendue à la *Linguella*[1] pour examiner la susdite maison de bois qu'elle a trouvée fort commode. Elle a ensuite parcouru tout le quai, en examinant tout ce qui se présentait à sa vue. Elle est entrée dans le local de la *Santé* et dans le quartier des marins de la Garde, après quoi elle s'est embarquée sur un canot et est allée visiter son brick (*l'Inconstant*). Elle est redescendue à la *Linguella*, et est remontée au palais.

---

[1] La Linguella est un ouvrage fortifié situé à l'extrémité ouest du port, au bas de la ville.

19 février.

Ce matin il y a eu (au palais) cercle et lever. Gabazzini s'y est rendu en grande cérémonie. Le soir il y aura bal et théâtre à la cour. La compagnie des acteurs est composée de quelques officiers de la Garde, et de plusieurs dames françaises. Gabazzini se rend tous les jours chez Bonaparte, où il passe souvent des heures en conférence avec lui. Mme Bigeschi lui fait passer agréablement le reste de son temps.

Deux bâtiments sont arrivés de Livourne, et ont amené plusieurs passagers parmi lesquels se trouvent trois Anglais, et deux Français, savoir une dame, femme d'un officier, et un certain M. Charles Albert qui s'est annoncé en qualité de négociant de Marseille. La physionomie de cet homme m'intéresse, et je l'ai suivi au café del *Buon Gusto* [1] où il s'est d'abord rendu. Je me suis approché de lui et après avoir causé de sujets indifférents, je lui ai demandé s'il avait trouvé des difficultés pour se rendre à l'île d'Elbe et quelles étaient les nouvelles de France. Il m'a répondu : quant aux difficultés j'en ai trouvé une infinité, et en dernier lieu le consul français à Livourne [2], non content de me refuser un passe-port, voulait empêcher mon départ. — Cette conversation l'a poussé à dire bien des choses contre le consul, et il s'est vanté d'avoir surmonté cet obstacle en se présentant au gouverneur [3], duquel, après bien des discussions, il a obtenu le visa pour l'île. A l'égard des nouvelles de France, il a dit qu'excepté les riches et les anciens émigrés, tous les Français sont pour Napoléon, qu'on ne désire plus que l'Empereur, que le roi est devenu odieux que personne ne veut soumettre à un joug avilissant la gloire de la nation, enfin que la

---

[1] Café au bas de la *Salita Napoleone* ; c'est aujourd'hui une salle de billard sans enseigne.

[2] Le chevalier Mariotti.

[3] Spannochi, le correspondant et l'ami du colonel Campbell.

situation des finances est fort critique. Il a même voulu démontrer que les Flandres sont dans un état déplorable, et il a fini par dire que le seul chapeau de Napoléon, s'il était planté sur la côte de France, suffirait pour attirer tous les Français autour de lui. Cet Albert a parlé de suite au maréchal, et doit se présenter ce soir même à l'empereur.

S. M. est sortie et est allée se promener en mer. Elle a passé près du bâtiment français arrivé hier, et en a reçu un triple *Vivat*. Voici la réponse que l'Empereur par la bouche du grand maréchal a fait donner à la femme de Malloi, ex-payeur : « Dites à votre mari que lorsque l'impératrice Marie-Louise sera dans les états qui lui appartiennent, il sera employé. Je lui ferai passer une lettre à Livourne. »

M. Pietrosanti a été expédié à Naples avec des dépêches. J'ignore si elles sont pour cette cour ou pour ailleurs.

On dit que les employés congédiés par Napoléon se rendront à Naples pour être replacés, M. Bettarini, architecte, est du nombre.

Les Anglais qui se trouvent à l'île sont fort curieux de voir Bonaparte, et lorsqu'ils y parviennent, ils ne cessent un instant de le regarder.

20 février.

Ce matin, sur une polacre française venant de Livourne sur lest ont été embarqués vers les dix heures trois voitures appartenant à S. M. pour être transportées à ce qu'on dit, à Naples. On dit aussi que bien d'autres objets seront embarqués sur ce bâtiment.

La princesse (Pauline) a été se promener en mer, et a reçu les *Vivats* de cette polacre. Une felouque provenant de Lérici est arrivée en ce port ; elle a amené deux messieurs et une dame, Anglais, avec leur équipage, voitures etc. Ces étrangers s'arrêteront pour voir Bonaparte et repartiront ensuite pour Naples.

Je viens de recevoir l'assurance qu'il y a douze jours environ deux Anglais arrivèrent dans cette île et qu'à peine débarqués ils demandèrent à voir l'Empereur. Celui-ci venait de partir à l'instant même pour San-Martino. Les Anglais le rejoignirent à une portée de canon de la ville, et lui remirent deux paquets. S. M. retourna immédiatement au palais (des Mulini) ; le lendemain il reçut ces étrangers qui repartirent de suite.

Le jeune Comparetti frère du garde magasin de Bargellini de Livourne a été admis dans la garde. Il avait une lettre de recommandation d'un certain Morella de Livourne, et m'a dit en avoir oublié d'autres, savoir une du docteur Bettarini, une autre de l'avocat Cercignoni, et une troisième de Bartolucci [1]. D'après ce que j'ai pu pénétrer, ces trois individus sont ceux qui s'occupent le plus d'informer le gouvernement de l'île de ce qui se passe à Livourne et ailleurs.

Aujourd'hui j'ai vu les casernes. Il n'y a aucun préparatif pour recevoir des troupes comme on le supposait à Livourne. L'artillerie de campagne est toute prête, au pied du fort de la *Linguella*.

Il paraît que le brick *(l'Inconstant)* se dispose à partir. Il est sorti de la darse, et a été se placer devant la Linguella.

Mme Colombani m'a assuré que le payeur de S. M. le roi Louis XVIII conserve une correspondance avec une autorité française de l'île, qui l'informe de tout ce qui se passe à cette cour.

Elle n'a voulu me nommer aucune de ces deux per-

---

[1] Bartoletti avait été membre de la municipalité de Livourne pendant l'occupation française, et était resté très favorable à la France, jacobin et franc-maçon. A sa villa sur la côte de Montenero, débarquaient les bateaux porteurs de lettres de l'île d'Elbe. Cette villa fut pillée, le mobilier et les objets d'art brisés, les arbres du jardin coupés ras du sol, par les réactionnaires dans la nuit du 19 au 20 mai 1844. Elle s'appelait « *Petite muis agréable* » Voir le manuscrit des *Mémorie Patrie* et J. B. Lantoni, t. XIV, p. 97.

sonnes, mais elle m'a répété que l'une d'elle est le payeur du Roi. (M. de la Bouillerie).

Trois autres individus qui agissent en France pour le parti napoléonien, à ce que j'ai pu pénétrer par suite de mes conférences avec cette dame, sont : Albert ou Albers colonel du I*er* Régiment des grenadiers de la Vieille Garde, Vaisseriez et Faire, gros majors dans la Garde. Ces individus ont écrit à l'île d'Elbe que le Roi leur ayant offert de reprendre du service, ils ont refusé comme bien d'autres, en jurant de ne tirer l'épée que pour le rétablissement de Napoléon sur le trône de France.

21 février.

Ce matin, une joie extraordinaire s'est manifestée chez tous les militaires et tous les employés; j'ai voulu en chercher la cause, et j'ai vu qu'on répétait partout que l'armée napolitaine s'était avancée jusqu'à Bologne et qu'une division se rendait en Toscane par la voie des Maremnes. J'ai recherché qui avait apporté cette nouvelle, et l'on m'a répondu : un courrier secret de S. M. Mais n'ayant pas pu voir ce courrier, je crois la nouvelle fausse. Il est pourtant vrai qu'on prend des dispositions suspectes. Le chebeck l'*Etoile* vient d'arriver et a apporté les vivres qui se trouvaient à Longone. On a enfermé ces vivres dans les magasins de la Linguella. Tous les maîtres charpentiers et calfats s'occupent de réparer le brick (l'*Inconstant*). On a ordonné que le parc d'artillerie soit visité, que les uhlans (les cavaliers polonais) qui n'ont point de chevaux s'exercent à l'artillerie, que la troupe soit entièrement habillée, surtout le bataillon Corse, qu'on distribue deux paires de souliers à chaque soldat, et que tout soit prêt pour le mois prochain. Ces dispositions sont en effet par elles-mêmes assez suspectes, mais ce qui les rend plus suspectes encore, c'est que les officiers de la Garde m'ont assuré que l'on partira le mois prochain.

Les bâtiments arrivés aujourd'hui, excepté la polacre française qui a chargé les voitures, sont tous partis. En sortant, ils ont crié sous le fort *Stella :* « Vive l'Empereur ! Vive Napoléon ! » On m'a assuré que parmi les caisses embarquées sur le bateau où se trouvent les voitures, il y a une caisse d'argent.

Bonaparte, sa mère et sa sœur sont allés se promener, les femmes par mer. L'Empereur s'est rendu à la *Linguella* pour mieux examiner la maison de bois. Il a fait manœuvrer sous ses yeux le bataillon corse, il a commandé l'exercice, a encouragé les soldats et leur a donné quelques napoléons d'or. Ensuite il s'est embarqué sur un canot pour rejoindre sa mère et sa sœur.

Tout ce que je viens de dire donne une apparence de vérité aux nouvelles d'un prochain départ. Pourtant on doit aussi faire attention aux travaux ordonnés par l'Empereur et qu'exécutent les soldats sous la direction des officiers de la Garde. L'Empereur a donné à plusieurs de ces derniers, dans différents endroits de Porto-Ferrajo des morceaux de terrain pour y faire des plantations. En voyant avec quel zèle et quelle activité ces officiers s'occupent de tirer parti des parcelles qu'on leur a assignées, on finirait par se convaincre qu'il s'agit plutôt d'une installation que d'un départ. Néanmoins je redoublerai de surveillance, et je partirai le plus tôt possible.

L'Empereur a donné à M. Mallois, colonel de la Garde, l'ancien cimetière afin qu'il le transforme en jardin. L'acheteur de l'artillerie est un nommé Sibile, génois, qui l'envoie en Barbarie. Le Charles Albert dont j'ai déjà parlé se trouve toujours à Porto-Ferrajo. Il passe son temps en compagnie des officiers français. Le soir au café il s'efforce de prouver que la France souffre d'une extrême misère, et que le gouvernement au lieu de songer à soulager l'indigence s'occupe de cérémonies funèbres [1], ce qui augmente le mécontentement qui règne dans Paris.

[1] Allusion aux cérémonies commémoratives du 21 janvier 1815, en l'honneur de Louis XVI et de Marie-Antoinette.

Mme Matre, qui s'attendait à être dame d'honneur au moins de Madame Mère, n'ayant pu y parvenir est au désespoir. Elle est partie pour la Corse passant par Capraja, et on dit qu'elle a envie d'épouser le médecin Taverti.

22 février.

Le temps est toujours fort beau. Bonaparte est sorti plus tôt qu'à l'ordinaire, il a été à Longone et est retourné le soir à la chûte du jour.

Il y a eu aujourd'hui conseil de guerre. Deux corses ont été condamnés à cinq ans de fers pour désertion.

Un bâtiment est arrivé chargée de blé de Turquie pour le compte du gouvernement. Cette marchandise a été déposée dans les magasins de la *Linguella*. (aujourd'hui le bagne pénal).

On a donné l'ordre de retirer de l'île de Pianosa les chevaux qu'on y avait envoyés.

J'ai vu embarquer sur le brick l'*Inconstant* dont la réparation est achevée, soixante caisses environ de cartouches, quelques ballots d'uniformes, et différentes autres munitions de guerres.

On a préparé 36 pièces d'artillerie pour les embarquer vers le chebeck *l'Etoile* avec quelques caisses de fusils ; toutes ces opérations ont été faites de nuit.

On dit que le chebeck et le brick vont partir au premier jour pour Naples. On m'a assuré que Madame Mère et la princesse Pauline partiront aussi pour Naples.

Aujourd'hui on a moins parlé de départ que les jours passés.

23 février.

Ce matin vers les 9 heures on croyait que le convoi composé du brick, du chebeck et de la polacre française (arrivée le 20) allait partir, mais il ne s'est rendu qu'en rade.

S. M. a visité ces trois bâtiments. Aujourd'hui on parle du départ d'une manière plus positive. Le bataillon corse est arrivé de Longone ; on remarque beaucoup d'activité chez les officiers généraux ; si l'on parle aux soldats, ils vous disent : *nous partons*. Les autorités pourtant répondent : *pas encore*. En résumé, il y a beaucoup de confusion. Je commence à être convaincu de la probabilité du départ : demain je compte partir avec le premier pêcheur qui sortira.

Au bureau de l'état-major de la place en causant avec M. Bertrand adjudant-major sur l'adhésion ou non adhésion des Anglais au départ en question, il m'a dit que les Anglais sont parfaitement d'accord avec Napoléon, pour qu'il sorte de l'île et aille faire la guerre en France. La raison en est que les Anglais ayant fait des propositions à la France pour être récompensés de ce qu'ils ont fait pour elle, le Roi les a rejetées. Napoléon a dit que s'il avait été sur le trône de France, il les leur aurait accordée. Ce qui a indisposé contre le Roi cette nation intéressée, et l'a décidée en faveur de Napoléon.

Ce soir vers les six heures au moment où l'Empereur montait en voiture pour retourner chez lui, des jeunes gens de l'île lui ont remis une pétition pour être admis dans les uhlans (cavaliers polonais). S. M. leur a répondu : « si vous avez la taille, je vous admettrai ». Et se tournant vers le Maréchal il lui a passé la pétition.

Ce soir j'ai vu des militaires qui transportaient sur des charriots, à bord des bâtiments, de l'eau et autres approvisionnements.

Un petit bateau chargé de bœufs provenant des Maremres est arrivé ce soir. On attend dans la nuit des agneaux. Une partie de ce bétail a été fournie par Forési[1]. J'ignore qui a procuré le reste de la terre ferme. Les agents de police activent leur surveillance. On ne fait pas un seul pas qui ne soit remarqué. Je voulais en-

---

[1] Forési, dont nous avons plusieurs fois parlé.

voyer par Pavis ce rapport, mais j'ai cru prudent d'y renoncer. Je l'apporterai moi-même demain.

24 février.

Ce matin le brick et le chebeck sont partis. Ils se sont engagés avec beaucoup de difficulté dans le canal de Piombino, à cause du vent contraire, mais ils sont rentrés tous les deux vers midi à Porto-Ferrajo d'après l'ordre de l'Empereur qui leur a été apporté par la *Caroline*[1]. On prétend qu'ils repartiront demain.

Vers les 10 heures la corvette anglaise[2] est arrivée dans le port venant de l'Ouest. Elle a débarqué six individus anglais. Le capitaine est descendu, et s'est rendu par un chemin détourné chez l'Empereur avec qui il est resté une heure environ. De retour à son bord il est parti, laissant à terre les six individus susmentionnés. A peine la corvette est elle partie qu'une felouque, feignant de sortir pour la pêche, l'a suivie de loin.

Divers courriers ont été expédiés dans les villages de l'île, et sur tous les points de la côte, portant la défense de laisser partir personne, pas même les pêcheurs. On a mis à l'ordre du jour que les soldats se tiennent prêts à partir, et un détachement de 24 hommes avec un officier a été envoyé à bord du brick.

Ayant remarqué toutes ces dispositions vers midi, j'ai couru au bureau de la place où je me suis assuré du départ, sans pouvoir connaître pourtant l'époque à laquelle il aura lieu. Je suis allé ensuite à la police, j'ai retiré mon passeport, j'ai pris le billet de la mairie, et je suis allé à la Santé pour prendre le billet d'expédition. Mais non sans une extrême surprise, j'ai appris que le capitaine du port avait suspendu toute espèce d'expédition. J'ai prié, j'ai offert, j'ai promis, mais sans résultat.

---

[1] Un des cinq bateaux de la flottille de Napoléon.
[2] La *Partridge*, capitaine Edye. Elle repartit immédiatement pour Livourne, pour prendre le colonel Campbell.

Le député m'a fait espérer que demain cette défense serait peut-être levée, ce qui m'a consolé.

Ayant repris mes observations, j'ai vu que vers les 6 heures on a embarqué l'artillerie, des caisses de fusils et des bombes. De suite après on a donné l'ordre de ne laisser sortir aucun soldat corse des casernes.

25 février.

Cette nuit il y a eu un mouvement continuel de patrouilles et de rondes. Le colonel Mallois est sorti souvent du quartier, pour aller regarder la mer du haut du sémaphore. Il avait l'air de surveiller la corvette (anglaise.)

On a garni de cartouches la giberne de tous les soldats. Les corses en ont reçu dix de plus que les autres, pour faire les exercices à feu aujourd'hui.

Le départ de l'Empereur est décidé, on en parle partout sans mystère. On dit qu'il s'est opéré un grand mouvement en sa faveur en France. Il se prétend indisposé, sans doute pour pouvoir mieux méditer son projet.

Un ordre très pressant a été donné à la police, portant défense de remettre un passeport à qui ce soit pour sortir de l'île. On m'a envoyé chercher pour que je rende le mien [1]. Je me suis plaint et je voulais même ne pas le rendre, mais on m'a forcé d'obéir sous peine d'être arrêté. On ne permet la sortie d'aucun bâtiments, pas même aux pêcheurs. Et les petites barques qui traversent continuellement le golfe et mènent à la campagne, dans l'espoir sans doute de transporter des troupes pour le débarquement (qu'on croit devoir s'opérer à Piombino), se refusent à tout prix à transporter un passager sur le continent, de manière que le seul espoir qui me reste est de partir en même temps que le convoi.

[1] On avait rendu la veille son passe-port à l'agent de Mariotti quand il était allé le réclamer.

La nuit dernière sont arrivée de Rio deux bâtiments de transport ; ils se sont placés devant la *Linguella* pour recevoir des effets et des munitions de guerre. Les officiers ont déjà vendu ce qui leur est superflu pour le voyage, et ils embarquent leurs malles.

Hier soir Bonaparte a reçu beaucoup de visites des autorités du pays : elles lui ont exprimé le déplaisir que son départ causait à l'île.

Le président du tribunal a fait un discours plein de compliments, dans lequel il manifestait à la fois à l'Empereur et la tristesse que ses sujets éprouvaient à le perdre, et la joie qui les transportait à voir leur souverain reprendre le chemin de la gloire, de cette gloire qui lui était due et que ses ennemis tentaient d'obscurcir. Bonaparte répondit : Oui, je pars, mais avant de partir je verrai tous ceux qui m'ont été fidèles. — Le président poursuivant son discours pria S. M., d'avoir à cœur l'Italie, et puisqu'il allait reconquérir une couronne, de se rappeler que les Italiens lui avaient été dévoués, tous réunis sous son pouvoir. Bonaparte resta un moment à réfléchir et répondit : *Oh ! la France, la France*. — De cette réponse on a conclu qu'il s'embarquait pour la France.

Il me semble avoir être transporté ce matin dans une tour de Babel, c'est une désolation complète. L'un regrette le départ de la garnison ; l'autre pleure la perte d'un objet chéri : un troisième bâtit des châteaux en Espagne. Un autre fait la roue sous son uniforme, appelant les combats dans l'espoir d'en sortir au moins maréchal. Et toute une foule s'occupe de rédiger des pétitions pour les présenter à S. M. avant son départ. Quant à moi, je suis très inquiet de ne pouvoir partir.

Après midi on a aperçu un bâtiment qu'on a cru d'abord la corvette (anglaise la *Partridge*). Le colonel Mallois s'est rendu au sémaphore, puis chez l'Empereur, et de retour à la caserne il a fait battre aux ordres. On a envoyé un bateau pour s'assurer de la manœuvre dudit bâtiment, qui a disparu après deux heures.

Étant au bureau de la place, j'ai vu qu'on s'occupait de faire une liste des Anglais arrivés dans l'île durant le séjour de l'Empereur. Ils sont au nombre de soixante et un.

On m'a dit que vers midi deux bâtiments de guerre étaient arrivés à Longone. Je m'y suis rendu à cheval dans l'espoir de sortir de l'île, mais je n'y ai trouvé qu'un bâtiment prêt à recevoir des troupes de garnison.

De retour à Porto-Ferrajo j'ai appris qu'on allait partir. J'ai pourtant remarqué une tranquillité qui annonçait presque le contraire. Je pense que la vue du bâtiment suspect qui a ensuite disparu, peut bien avoir provoqué ce calme subit.

Les 17 pièces de campagne ont été embarqués avec d'autres caisses de fusils.

Le soir les Polonais sont partis pour aller à Campo[1] recevoir les chevaux qu'on a fait venir de Pianosa. Un ordre du jour qui vient de paraître prescrit que les Corses ne pourront plus sortir du quartier. Des patrouilles françaises circulent dans la ville pour faire rentrer les Corses.

Ni S. M., ni ceux de sa famille ne sont sortis de chez eux.

26 février.

Ce matin, dimanche, tout est calme.

Ayant vu deux bâtiments prêts au départ, j'ai excité un des patrons à partir de suite, décidé à m'embarquer sans passeport, en qualité de marin.

Vers les 9 heures, il y a eu la messe ordinaire. Après la messe, revue. Les Corses ont tant soit peu manœuvré, toute la troupe s'est ensuite retirée. Je suis prêt à partir.

A 11 heures, un canot s'est présenté sous le fort *Stella*, il a débarqué un individu qui par le chemin

---

[1] Port au sud de l'île, en face de Pianosa.

couvert s'est rendu chez l'Empereur. Une heure après on a ordonné avec une activité foudroyante le rappel de la troupe, et défendu à tout bâtiment de sortir. Déçu par cette nouvelle dans mon espoir de partir, j'ai tâché de séduire le patron d'une petite barque. Il a accepté de me débarquer sur le premier point du continent moyennant 60 livres. J'étais déjà sorti de la darse quand le brick qui se trouvait en rade nous héla et nous fit accoster à son bord. L'officier qui s'y trouvait nous demanda qui nous avait donné les expéditions pour partir. Je lui répondis que nous nous promenions sans avoir l'intention de quitter l'île. Il nous ordonna de rentrer, ce que nous fîmes.

Je pris le parti de me rendre à Rio dans l'espoir de sortir par là, mais tous mes efforts restèrent sans effet, en raison de la défense expresse ci-dessus mentionnée.

De retour à Porto-Ferrajo, après avoir beaucoup souffert dans les mauvais chemins, et fatigué par le cheval, je me trouvai dans un très grand embarras. Le général Cambronne qui me connaissait et avec qui j'avais plusieurs fois causé en abondant dans ses vues, me rencontra et me dit : « Votre place est sur le bâtiment nº 5. » Devant cet ordre inattendu, je tâchai de chercher des raisons pour ne pas être obligé de partir. Heureusement le commandant Colombani se présenta et je le priai de s'interposer pour me faire rester. Je l'obtins enfin à condition pourtant de rejoindre le convoi dans quelques jours.

Depuis midi jusqu'à 4 heures on a embarqué les effets de ceux qui forment la suite de l'Empereur ; on a défendu de sortir de la ville à tout le monde, excepté à ceux qui allaient s'embarquer sur les bâtiments du convoi. Le bataillon franc et la garde nationale ont remplacé la troupe dans les différents postes, et à 4 h. 1/2 toute la troupe a été embarquée.

A 7 heures il y a eu cercle et conseil à la cour. Bonaparte a nommé Lapi gouverneur général, et une junte composée des sieurs Arrighi, Balbiani, Vantini,

Traditi, Senno et Bigeschi, avec Ferdinand Lapi comme secrétaire.

Il a confié le commandement de la place au général Bertolasi[1]. Bonaparte, en le nommant, lui adressa ces paroles : « Tu me diras que je te fais sergent, mais ne crains rien, je te relèverai avant peu. » Il a ensuite prononcé une allocution aux troupes rangées en cercle, et après avoir embrassé sa mère et sa sœur, a tâché de consoler Mme Bertrand et les autres femmes qui pleuraient le départ de leurs maris. Il a recommandé sa mère, sa sœur et la défense de la place au bataillon franc et à la garde nationale et est ensuite sorti.

Depuis le palais jusqu'au port il était dans une petite voiture et marchait fort lentement pour ne pas fatiguer une trentaine de personnes qui suivaient à pied. Il s'embarqua sur la *Caroline* au milieu des applaudissements à sa suite, et un coup de canon nous apprit son arrivée à bord (du brick l'*Inconstant*) vers les 8 heures du soir.

Tout le convoi est resté à l'ancre, jusqu'à minuit. A cette heure, à force de rames, il a pris le petit vent de la côte, à 7 heures du matin il était à cinq ou six lieues de Porto-Ferrajo du côté de Capraja, à midi il disparut à l'horizon. Les approvisionnements du brick sont pour 3 mois, ceux des cinq autres bâtiments pour peu de jours, d'où l'on peut déduire qu'ils ne feront qu'une courte traversée.

Tout l'approvisionnement consiste en 100 moutons, 50 bœufs ou vaches, 2,000 kilos de viande salée, biscuits, vin, etc., toutes les forces que Napoléon a embarquées y compris les équipages, s'élèvent à 1,500 hommes environ. Sur le brick l'*Inconstant* sont montés l'Empereur, les généraux, l'état-major, quelques employés supérieurs, la cour et les grenadiers de la Garde.

Sur le n° 2, la Garde et les officiers;

---

[1] Le général Bertolasi, corse, avait commandé à Milan sous l'Empire.

Sur le n° 3, les Polonais, le reste de la Garde et les employés civils ;

Sur le n° 4, l'état-major corse, une partie du bataillon corse et la gendarmerie ;

Sur le n° 5, le reste du bataillon corse avec les officiers à la suite :

Sur le n° 6, le reste de la gendarmerie, des soldats de différents corps n'ayant pas trouvé de places ailleurs, quelques chevaux et les effets de l'écurie.

La *Caroline* portait les marins de la Garde.

Il n'est resté à Porto-Ferrajo que les femmes, puisque les employés civils eux-mêmes vont partir [1]; si demain je puis sortir, je partirai.

27 février.

Ce matin on a appris que l'expédition était dirigée sur Fréjus et dans les environs de ce port, et que le général Masséna attendait l'Empereur avec 40,000 hommes. Le départ a été interdit pendant cinq jours, temps nécessaire pour arriver à destination. On a également su que des officiers avaient été envoyés en Corse pour la mettre en révolution.

Désespéré de ne pas pouvoir partir, Marca m'a dit : Viens avec moi à Rio ; si c'est possible, avec le secours d'un de mes amis je te ferai jeter sur la côte de Piombino. J'ai été très heureux de pouvoir dire : Allons. Nous nous sommes rendus à cheval à Rio, nous avons trouvé notre homme, et nous aurions peut-être réussi à le corrompre lorsqu'un diable de vieux colonel corse au service de l'Italie, à qui notre arrivée avait

[1] Néanmoins tous les soldats ne purent pas trouver place sur les transports. Un état nominatif de l'expédition, dont nous avons le brouillon sous les yeux, dit qu'il resta 15 canonniers de la Garde, une douzaine de cavaliers polonais, et 80 soldats corses. Le rapport de police exagère en portant à 1500 le nombre des soldats embarqués. Il n'était que de 900 tout au plus.

donné des soupçons, nous a fait surveiller. Le marin a eu peur et n'a rien fait.

Nous voici de nouveau à Porto-Ferrajo à attendre une occasion. On pleure, on soupire et on rit. Ceux qui ont vu partir leurs enfants, pleurent ; les créanciers de l'armée, qui a laissé une infinité de dettes, soupirent, et ceux qui attendent de grandes charges rient.

On sait que S. M. a laissé un pli qui doit être ouvert après 3 jours ; qu'il expédiera un petit bateau lorsqu'il sera débarqué, pour en informer sa mère et sa sœur. Si quelque frégate anglaise arrivait, on doit répondre que l'Empereur est allé faire une promenade en mer.

Le Consul de Gênes a envoyé une lettre à Porto-Ferrajo dans laquelle il dit de prévenir l'Empereur de partir tout de suite pour la France, qui est toute en révolution. On ne cherche que lui pour le remettre sur le trône, les Bourbons s'étant enfuis.

28 février.

Ce matin on a aperçu la corvette anglaise. Elle est entrée dans le port à midi. Campbell en est descendu ; on est prié de faire attention à ce qu'il a fait à peine débarqué. Il est entré dans le local de la Santé, et a demandé au député Maudric (ce qu'il n'avait jamais fait) si S. M. était à Porto-Ferrajo. On lui a répondu qu'il était parti ; il a demandé le grand maréchal, on lui a dit qu'il était de même parti. Il a demandé alors le général Drouot. On lui a répondu qu'on ignorait s'il était encore là. Après cette réponse Campbell est monté au palais. Il a parlé avec le général (Lapi) et avec la princesse Pauline. Il a dit à cette dernière : « votre frère a manqué de parole, car il avait promis de ne point sortir de l'île, mais la Méditerranée est pleine de vaisseaux, et à cette heure votre frère est prisonnier ». Il a ajouté des menaces auxquelles la princesse a répondu que ce n'était point la manière d'en agir envers une dame. Il a demandé en outre au général gouverneur, s'il était dans l'intention de se défendre[1]. Lapi lui a répondu que tant qu'il pourra le faire, il ne rendra la place qu'aux ordres de celui qui la lui a confiée.

Vers le soir la corvette est repartie. Un bâtiment provenant de Gênes est arrivé porteur d'une lettre dans laquelle il était dit que les Bourbons avaient quitté Paris, que tout était en révolution en France.

1er mars.

Ce matin on a permis de partir, et mon passeport m'a été rendu.

Aujourd'hui Panella embarquera tous les effets de la princesse Pauline pour les transporter à Viareggio, puisqu'elle désire se rendre à Compignano dans une maison de campagne appartenant à sa sœur (Elisa).

La princesse partira demain pour Viareggio ; après deux jours tout au plus on dit que Madame Mère partira aussi pour aller en Corse ou à Lucques avec sa fille. Panella après avoir débarqué à Viareggio les effets de la princesse se rendra à Livourne avec plusieurs lettres, parmi lesquelles il y a un paquet contenant quatre lettres avec le cachet du payeur Peyrusse, dont une doit aller à Gênes, une à Naples, une à Rome et la 4e à Florence. On dit que ces lettres contiennent des choses importantes et que le susdit paquet a été bien recommandé.

La garnison de Porto-Ferrajo est composé de 80 Corses qui sont rentrés des différents villages, de l'île d'Elbe. Ils ne font point de service. Le service est fait par le bataillon franc et la garde nationale. Le bataillon franc est incomplet. Il est caserné au fort *Falcone*. Il a déclaré ne pas vouloir se battre.

Demain partira pour la Corse une barque qui y conduira les colonels Tavero, Poli, Ottavi et des officiers

---

[1] En cas d'attaque de la part des Anglais.

pour y provoquer un parti de révolution (bonapartiste).

Le peu de Français restés à l'île se dirigent sur Nice. L'avocat Colati va partir aussi de ce côté-là. Cet homme est à craindre à cause de sa langue. Il a coutume de dire du mal de Louis XVIII et de sa famille.

Les habitants de l'île d'Elbe sont généralement favorables à Napoléon. Il y a pourtant des individus qui en disent du mal, je crois cependant que l'expérience du passé leur fait haïr *même les mots* de blocus, de siège, de bombes, etc.

Deux Anglais sont arrivés sur un bateau de Livourne ; la police les surveille. C'est lord Stuart avec un compagnon de voyage. Ils sont allés voir Mme Lætitia et Pauline. Ils sont restés peu d'heures et sont repartis pour Livourne.

L'agent secret de Mariotti écrivit encore à son chef, le 2 mars, la lettre chiffrée qui résume les dernières pages de son journal, et que nous avons reproduite. Il partit à son tour pour Livourne, sur la felouque d'un nommé Emmanuel Rosetto et dut faire une quarantaine au lazareth de Saint-Roch, lazareth situé à gauche de la Darse, occupé aujourd'hui par les chantiers Orlando. C'est de là qu'il a écrit les dernières notes que voici :

Lazareth de Saint Roch.

Un bateau doit être expédié pour porter des nouvelles à Pauline. On attend ces nouvelles ce soir ou demain, et j'ai pu comprendre qu'un certain Monaco, génois, médecin à son service, est chargé de les lui apporter. C'est le seul qui soit resté de sa suite ; en outre il me demanda des lettres pour Lucques ; je lui répondis que nous nous rencontrerions dans cette ville.

Il ne serait pas difficile d'arrêter le bateau pendant son voyage.

Un certain Cerri, florentin, est ici avec nous. Il est au service en qualité de jardinier; il va à Florence chercher je ne sais quoi pour la maison et il est adressé à un de ses oncles André Lottini. En attendant il a fait demander le consul Bartolucci : j'ignore ce qu'il désire de lui.

Parmi les ordres donnés par Napoléon, il y en a un qui prescrit au gouvernement de dire si on demandait la cause de son départ qu'il était allé faire une promenade en mer.

J'aurais encore tant de choses à vous dire, mais je suis vraiment très fatigué : il y a deux nuits que je ne dors pas. Je rappellerai mes souvenirs et je vous écrirai.

C'est un peu dur trois jours au Lazareth. Au moins s'il y avait un lit, le mal ne serait pas bien grand.

BONAPARTE EN TOSCANE EN 1796.

LA SAISIE DES MARCHANDISES ANGLAISES A LIVOURNE

D'APRÈS DES DOCUMENTS ITALIENS INÉDITS

On ne peut pas lire le premier volume de l'*Histoire de Napoléon* de Lanfrey, sans être frappé de la façon dont cet écrivain aux nerfs de femme raconte la campagne de 1796 en Italie, et spécialement le coup de main hardi de Bonaparte sur Livourne (27-30 juin), qui eut pour but et pour effet la saisie d'une partie des marchandises anglaises amoncelées dans ce port. L'ouvrage de Lanfrey est un virulent pamphlet dans lequel l'auteur, sous prétexte de flétrir Napoléon Bonaparte, émet sur le compte des généraux de la République, de ses hommes d'État, de ses administrateurs, des jugements devant lesquels reculerait M. de Sybel et hésiterait M. Taine. La promenade militaire de l'armée française en Toscane devient sous la plume de Lanfrey un « guet-à-pens, » une « iniquité », et l'historien pousse le parti pris au point de vouloir mettre la déclaration de Bonaparte garantissant que les propriétés des sujets Toscans et leurs personnes seront respectées, en opposition avec ces instructions données le 27 juin au divisionnaire Vaubois, commandant le corps d'occupation : « S'il y avait à Livourne des complots intéressant l'existence des troupes françaises, le général prendrait toutes les mesures nécessaires pour assurer le calme et maintenir les malintentionnés. *Il n'épargnerait ni les personnes ni les propriétés.* » Ainsi Lanfrey, emporté par ses aveugles préventions, au nom de nous ne savons quel sentimentalisme suspect semble interdire à un chef militaire de prendre les mesures indispensables pour sauvegarder éventuellement la sûreté de ses troupes, sauvegarde qui est pourtant le premier devoir d'un chef militaire.

L'occupation momentanée de Livourne en 1796 n'a jamais été examinée de très près. Nous nous proposons de l'étudier sur les documents italiens, en nous aidant surtout des pièces officielles conservées à la préfecture de Livourne [1], et d'un manuscrit inédit de la *Biblioteca Labronica*. Dont nous nous sommes déjà servis pour

---

[1] M. le commandeur G. Colucci, préfet de la province de Livourne, qui est non-seulement un des administrateurs les plus distingués de l'Italie, mais encore un historien de mérite, bien connu par son ouvrage sur la guerre de l'Indépendance d'Amérique, a eu l'obligeance de nous communiquer les minutes des lettres adressées par le général La Vilette, gouverneur de Livourne pour le grand-duc, au premier ministre Seratti. Qu'il reçoive ici l'expression de notre gratitude.

les évènements de 1814. Cet intéressant document en quatorze volumes in-4° porte le titre de *Memorie patrie dal* 1796 *al* 1814, par J.-B. Santoni, ancien chancelier de l'évêché.

Santoni était un ultramontain décidé, ennemi fanatique non seulement des Français, mais des idées modernes, très sévère même pour les libéraux toscans, et visiblement assez peu sympathique aux princes philosophes de la maison de Lorraine. Dans l'énorme compilation qu'il a rédigée d'après ses notes quotidiennes de témoin oculaire et les documents officiels, le nom de tous les Français ou de tous leurs partisans est régulièrement accompagné des épithètes de *birbante, manasdiere, ladrone*, etc. On peut donc s'en rapporter à lui comme témoin à charge. Nous verrons pourtant que le récit de cet ennemi acharné de la France est loin d'atteindre, comme violence et injustice, celui de Lanfrey.

I

La campagne de 1796 fut le véritable début du général Bonaparte. A vingt-sept ans, Barras venait de lui passer Joséphine de Beauharnais, (« déjà plus que sur le retour », dit Lucien dans ses *Mémoires*), lui donnant comme dot le commandement en chef de l'armée d'Italie, environ quarante mille d'hommes d'élite, reste de la première réquisition, réunis entre Nice et Savone, sur la rivière de Gênes. Barras dit dans ses *Mémoires* (cités par Michelet) que le gouvernement permit en outre à Bonaparte de prendre des officiers dans toutes les armées de la République. Celui-ci profita largement de l'autorisation ; il écréma notamment l'admirable armée des Pyrénées. L'ennemi pouvait lui opposer une soixantaine de mille soldats, troupes excellentes, médiocrement commandées, 20,000 Piémontais sous les ordres de Colli, et 40,000 Autrichiens sous ceux de Beaulieu. Les Français étaient inférieurs en nombre d'un tiers, et manquaient de tout. Le plan du Directoire portait de passer entre les deux armées alliées, en les battant séparément. Bonaparte, puissamment secondé par des lieutenants qui s'appelaient Masséna, Augereau, Laharpe, Sérurier, Murat, Lannes, Rampon, etc., sut toujours surprendre l'ennemi avec des forces supérieures ; il l'écrasa à Montenotte, à Millesimo, à Mondovi. Malheureusement nos troupes dénuées de tout prenaient trop à la lettre la proclamation célèbre du 27 mars dans laquelle Bonaparte, rompant avec la tradition des généraux de la Révolution, leur offrait l'Italie comme une proie. Il fallut fusiller pour l'exemple nombre de maraudeurs. Au bout de quinze jours, Piémontais et Autrichiens n'avaient plus qu'à se replier chacun de leur côté pour couvrir Turin et Milan. Le roi de Sardaigne, dont les troupes avaient inutilement accompli des prodiges de valeur, faisait la paix le 15 mai, nous cédant Nice et la Savoie.

Le Directoire applaudissait comme toute la France aux victoires si rapides du jeune général, victoires qui raffermissaient la situation du gouvernement. Mais déjà Bonaparte, gonflé par le succès, commençait à discuter les ordres des Directeurs, même ceux de Carnot à qui pourtant il avait tant d'obligations. Cependant le général et le gouvernement se trouvaient d'accord sur la nécessité d'une expédition du côté de Livourne, dirigée non contre la Toscane, pays neutre, mais contre les Anglais, les plus tenaces ennemis de la France révolutionnaire, qui, déjà maîtres de la Corse, avaient fait du port toscan un grand magasin britannique, peu soucieux pour leur part d'une neutralité nominale, et conspirant au grand jour avec une foule d'émigrés français que leur présence attirait. Le 7 mai, Carnot envoyait dans ce sens une dépêche à Bonaparte ; le 21, il lui réitérait l'ordre de marcher. Ces deux dépêches se croisaient avec une lettre du jeune général en date du 6 qui annonçait l'action prochaine.

II

La situation de la Toscane était depuis longtemps délicate. Ce petit État avait à ménager et la France victorieuse et les Anglais tout puissants à Livourne comme dans l'archipel tyrrhénien[1]. Ferdinand III, partisan résolu de la neutralité, mais incapable de la faire respecter, ne tenait guère rigueur à la République pour l'exécution de Marie-Antoinette : il avait hérité de l'indifférence témoignée par son père Léopold II et par son oncle Joseph II à leur malheureuse sœur. Les influences françaises et anglaises se disputaient ouvertement, on pourrait presque dire brutalement depuis deux ou trois ans la cour de Florence. Harvey, ministre d'Angleterre en opposition avec le ministre de France Laflotte qu'il trouvait trop bien accueilli par le grand duc et ses conseillers, usant d'intimidation, avait obligé en 1794 le gouvernement toscan à se prononcer contre nous. Laflotte quitta Florence avec éclat. La Convention y envoya alors Cacault, sans mandat officiel, pour qu'il travaillât par tous les moyens à séparer la Toscane de la coalition. Harvey ayant voulu trop régenter le grand duc, celui-ci se plaignit à Londres, et le fit rappeler. Wyndham vint à sa place. Cacault obtint satisfaction, et bientôt après le Directoire envoya à Florence, comme plénipotentiaire en titre, André-François Miot (de Melito). L'Angleterre poursuivait ses intrigues, mais le premier ministre de Ferdinand III, son ancien précepteur le major général Manfredini, dévoué comme les princes de la

---

[1] Les grands-ducs de Toscane avaient intérêt à défendre le commerce de Livourne contre les entreprises des Anglais (A. Sorel, *L'Europe et la Révolution*, I, 390).

maison de Lorraine aux idées libérales soutenait les Français. Manfredini était tout à fait gagné à notre alliance, et, pour mieux assurer sa liberté d'action tout en gardant le pouvoir sans la responsabilité, il céda (mars 1796) le portefeuille des affaires extérieures du grand duché à une de ses créatures, Seratti, gouverneur de Livourne. Seratti fut remplacé à ce poste par le baron François Spannocchi-Piccolomini, d'une famille noble de Sienne, ancien capitaine de vaisseau de la marine napolitaine, dont nous aurons bientôt à parler [1].

Le gouvernement toscan se reposait sur la neutralité, et croyait n'avoir rien à craindre. Ferdinand III s'émut pourtant quand il vit Bonaparte, une fois le Piémont pacifié, et la Lombardie purgée des Autrichiens par la victoire de Lodi, s'avancer vers Bologne avec une armée, au milieu de juin. Il lui envoya Manfredini auquel se joignit officieusement notre plénipotentiaire Miot. A Manfredini, Bonaparte, avec sa duplicité ordinaire, affirma qu'il s'agissait seulement d'une marche vers Rome pour intimider le pape, (avec qui on venait de signer un armistice justement le 23 juin ; le prétexte était maladroit). A Miot, il opposa les ordres formels du Directoire. Aussi, quand les deux négociateurs rentrèrent à Florence, assez mal satisfaits de

---

[1] François Jules Spannocchi-Piccolomini, né à Sienne en 1750, mort à Livourne le 13 novembre 1822, est enseveli au dôme de cette ville avec sa femme Caroline Jackson.

leur mission, la division Vaubois, forte de 8 à 10,000 hommes traversant l'Apennin entrait à Pistoie, le dimanche 26 juin (8 messidor an IV). Immédiatement Murat avec l'avant-garde formée de la 75ᵉ demi-brigade passait l'Arno à Fucecchio, et au lieu de continuer vers Sienne, comme l'avait annoncé le général en chef à Manfredini, il coupait droit sur Livourne.

Ce jour-là, Bonaparte, jetant le masque, écrivit de son quartier général de Pistoie une lettre à Ferdinand III, dans laquelle il lui disait que le pavillon de la République était constamment insulté dans le port toscan, les propriétés des Français violées ; que le Directoire s'était plaint plusieurs fois au ministre de Toscane à Paris, lequel avait avoué que la force manquait à son gouvernement pour réprimer les insolences des Anglais. Dans ces conditions, le gouvernement français, se voyant obligé de protéger lui-même ses nationaux, avait décidé d'envoyer une division à Livourne. Bonaparte annonçait à Ferdinand III que cette ville serait occupée le surlendemain (l'occupation eut lieu dès le lendemain 27). Il lui affirmait que les propriétés du grand-duc ou de ses sujets et la garnison n'avaient rien à redouter.

Le grand-duc reçut cette lettre le 26 au soir. Immédiatement il fit répondre qu'il était étonné de la mesure prise par le Directoire ; qu'il n'opposerait néanmoins pas de résistance et resterait l'ami de la République dans l'espoir que ce projet serait abandonné. Que si néanmoins

Bonaparte y persistait, le gouverneur de Livourne Spannocchi, avait pleins pouvoirs pour s'entendre avec lui.

Le ministre d'Angleterre à Florence, tenu au courant par ses espions, avait invité depuis deux jours ses compatriotes de Livourne à mettre en sûreté leurs marchandises et leurs personnes. Dans cette ville même on soupçonnait vaguement nos projets. La République y était représentée par le consul général Belleville, [1] ancien secrétaire de Turgot et de Necker, sortant des prisons de Valence, où il avait été incarcéré comme suspect, homme habile, énergique, aux qualités administratives de qui ses adversaires eux-mêmes rendaient hommage. Bonaparte

---

[1] Redon de Belleville, né à Thouars en 1748, mort près de Versailles en 1820, fut, avant la Révolution, par la protection de son ancien patron Necker, employé dans l'administration des domaines. En 1783, frappé d'une lettre de cachet, il se réfugia en Toscane où il vécut quelques années. De retour à Paris au commencement de la Révolution, il prit part comme grenadier de la garde nationale à la bataille du 10 août, et remplit ensuite diverses missions à Naples et à Gênes. En floréal an III, le comité de Salut public le chargea de transférer à Avignon les manufactures d'armes de Marseille. C'est à ce moment qu'il fut arrêté par ordre du conventionnel en mission Goupilleau. Nous le voyons à Livourne en 1796. Il fut ensuite consul général à Gênes. Député des Deux-Sèvres au Corps Législatif (an VIII,) le Premier Consul le nomma commissaire général et chargé d'affaires en Toscane (an IX). Il accepta des fonctions analogues en Espagne (an X). Il fut ensuite préfet de la Loire-Inférieure, (1804-1807) intendant général du Hanovre (1809), maître des requêtes (1810) intendant général de l'Illyrie, inspecteur des dépôts de mendicité (1811) et enfin administrateur des Postes (1813-1816).

trouva en lui un aveugle dévouement et un concours dénué de scrupules dans la lutte déloyale et factieuse qu'il entreprit bientôt contre les commissaires du Directoire, dévouement qui pourtant n'excluait pas une certaine lassitude, car dans sa lettre datée de Gênes, le 22 messidor (10 juillet 1796), Cacault, agent de la République en Italie, annonçait au ministre des relations extérieures que Belleville, accablé de besogne et peu désireux d'augmenter sa responsabilité, avait demandé à Bonaparte d'être relevé *(Aff. Étr.*, fonds *Rome*, 1796, pièce 113). On avait pourtant envoyé le consul général de France à Gênes, La Chèze, seconder à Livourne son collègue. Celui-ci avait vite organisé une excellente police. Il se mit en rapports suivis avec l'armée française, spécialement avec Salicetti, l'ex-conventionnel, ancien protecteur de Bonaparte, alors commissaire du gouvernement à l'armée d'Italie, y tenant avec son collègue, l'ancien conventionnel Garreau, le rôle des fameux représentants en mission sous la Convention. On dit même que Salicetti vint secrètement à Livourne pour juger de l'état des choses par lui-même, caché chez un négociant nommé Chifenti, gendre de l'agent français Barthélemy Arena.

Les Anglais avaient pour consul général un vieillard, Jean Udny, indolent et occupé surtout de ses plaisirs (Santoni est plus explicite), à l'incurie duquel on attribua dans une large mesure le désastre de la colonie anglaise. Le

15, Udny demandait des renseignements au gouverneur Spannocchi, qui n'en ayant pas, s'adressait au consul Belleville. Celui-ci lui assurait que l'armée française se dirigeait vers Sienne et le midi de l'Italie, laissant de côté la Toscane. Aussi, dans une proclamation en date du 26, l'imprudent Spannocchi, nouveau venu dans le pays, mal renseigné, mal entouré, rassurait-il ses administrés. Les commerçants anglais, plus intéressés à savoir la vérité, avaient reçu des nouvelles plus sûres, car dans la nuit du 25 au 26 leurs vaisseaux ancrés sous les canons des forts s'éloignèrent à quelques encâblures. En même temps les négociants anglais chargèrent leurs marchandises sur tous les bâtiments disponibles à destination de la Corse. Ils cachèrent celles qu'ils ne pouvaient emporter chez des hommes de confiance, essayant de les dénationaliser au moyen de ventes simulées. Cependant Belleville envoyait au-devant des Français courrier sur courrier afin qu'on ne laissât par les Anglais s'échapper. Mais le temps passait, et les sujets britanniques le mettaient à profit. Leur consul, le vieil Udny, eut à peine le temps de se sauver, abandonnant une partie de ses archives.

Le 27, au matin, on vit arriver l'avant-garde française, harassée par une marche forcée de vingt lieues. Le gouverneur Spannocchi fit immédiatement connaître à la population que, par l'intermédiaire du consul de France, Murat lui avait demandé l'entrée de Livourne pour ses soldats venant en amis. Murat se présenta à midi avec un régiment de cavalerie à la porte Pisane (aujourd'hui barrière Florentine). Il fut reçu par l'officier de garde et entra immédiatement en ville. Aussitôt les derniers vaisseaux anglais, au nombre de quarante environ, levèrent l'ancre. Les batteries des forts les canonnèrent, car ils emmenaient, dit Santoni dans son journal, un vaisseau danois (c'était le *Ghérard*) capturé au commencement de juin par nos corsaires et même un vaisseau français. De toute la flotte anglaise il ne resta que la frégate de 74 canons *Captain*, portant pavillon du commodore Horace Nelson, qui alla s'embosser au nord de la ville, entre le vieux phare du Marzocco et Bocca d'Arno, à un endroit d'où elle pouvait facilement communiquer avec Livourne soit par des signaux soit par des émissaires et même organiser une sorte de blocus.

Spannocchi se rendit immédiatement auprès de Murat. Il se plaignit de ce que les Français venaient d'envoyer des boulets aux navires anglais. Mais Murat répondit au gouverneur, mal informé de ce qui se passait chez lui, que le canon avait été tiré de la forteresse vieille, c'est-à-dire par les troupes de la garnison toscane, et cela par ordre de Ferdinand III, afin de réprimer un nouvel attentat des Anglais contre la neutralité du port. Spannocchi s'était fait accompagner par son conseiller habituel, l'avocat Antoine Michon, d'origine française, fort malmené par Santoni parce qu'il était libéral et surtout ami des juifs. Le gouverneur se montra très embarrassé, très hésitant. Les ultras lui reprochaient d'avoir laissé entrer les Français sans une capitulation en règle (comme s'ils étaient venus en ennemis) et de ne pas avoir consulté au lieu de l'avocat Michon le vieux général lorrain La Villette, gouverneur en second, une culotte de peau.

La cavalerie de Murat entrait toujours par pelotons; des affiliés, des Français qui jusque-là s'étaient fait passer pour des émigrés afin de tromper la surveillance des Anglais, conduisaient nos soldats aux postes qu'ils devaient occuper. A six heures du soir l'infanterie commença à arriver avec le général Vaubois, commandant la division, et les commissaires Garreau et Salicetti, devançant de peu Bonaparte. Spannocchi avait reçu du grand-duc l'ordre de se porter à la rencontre du général en chef. Au lieu de s'y rendre en grand uniforme, entouré de son état-major, le gouverneur y alla en petite tenue, presque seul, la canne à la main. Bonaparte, blessé de ce manque d'égards, accabla Spannocchi des plus grossiers reproches devant la population assemblée, s'oubliant jusqu'à le traiter de « brigand » *(birbante)*. Spannocchi, justement froissé, répliqua en disant au général : « C'est vous qui vous conduisez comme un brigand ! » Il rappela ses services militaires irréprochables, et dit qu'il ne s'était pas opposé à l'entrée des Français uniquement parce que les ordres de son souverain lui liaient les mains.

Nous venons de résumer d'après Santoni, probablement témoin oculaire, en tout cas écho de nombreux témoignages, l'entrevue de Bonaparte avec le gouverneur de Livourne. Voici un compte rendu plus détaillé, transmis au Directoire le 16 juillet par Corsini, ministre plénipotentiaire de Toscane à Paris. Ce récit, rédigé à Florence le 1er juillet, émane évidemment de Spannocchi lui-même.

« Le 27 juin, vers les six heures du soir, le gouverneur de Livourne fut averti que le général Bonaparte était hors de la porte de Pise et qu'il l'attendait. Il alla le trouver immédiatement, accompagné de trois adjudants, Fischer, Granussi et Ferri, et suivi de la foule du peuple qu'il avait déjà éloignée deux fois en priant tout le monde de ne pas le suivre. Arrivé à la porte, déjà garnie d'une quantité de troupes françaises qui arrêtaient et visitaient tous les passants, il demanda du (*sic*) général Bonaparte. On lui répondit qu'il était allé visiter son camp, situé entre la ville et la tour du Marzocco et qu'un adjudant le conduirait près de lui. Il prit la route pour s'y rendre, mais comme le général paraissait à cheval à quelque distance, il s'arrêta pour l'attendre près du vieux cimetière des juifs, à côté d'une maisonnette, pour le cas où le général voudrait y entrer pour conférer plus commodément avec lui.

« Bonaparte y arriva suivi de beaucoup d'officiers. Le gouverneur se présenta à lui le chapeau à la main, et lui demanda s'il était le général Bonaparte. Celui-ci répondit oui avec le ton le plus hautain, et sans aucun acte d'honnêteté ; il lui demanda après s'il était le gouverneur de Livourne ; et celui-ci lui ajouta qu'il était le gouverneur et qu'appelé par lui il venait savoir ce qu'il désirait. Le général dit qu'il connaissait déjà le gouverneur et ses injustices sans nombre ; que le grand-duc lui avait avoué qu'il était mécontent de lui ; qu'il avait fait couler à Livourne le sang des républicains ; qu'il était venu pour les venger. Le gouverneur lui répondit qu'il était mal informé, qu'il n'avait aucun reproche à se faire, qu'honoré le jour avant d'une lettre de S. A. R. il avait les preuves les plus indubitables de son approbation.

« Le général se tournant vers le peuple le harangua en lui disant que le grand-duc était un bon prince ; qu'il était venu pour protéger le peuple, pour le délivrer de l'esclavage des Anglais, de la tyrannie d'un gouverneur imbécile et de celle de la petite noblesse. Il promit la sûreté des propriétés et la plus prompte justice contre quiconque de ses soldats qui commettrait le moindre désordre, et une égale justice contre les citoyens qui seraient sortis des bornes de leur devoir. — Personne ne répondit. Le général Bonaparte se tournant ensuite vers le gouverneur lui demanda pourquoi il n'était pas allé à sa rencontre, comme il aurait dû faire, et où était la municipalité. — Le gouverneur répliqua qu'il ignorait son arrivée, qu'il croyait avoir fait assez en se rendant auprès de lui lorsqu'il avait été appelé. Bonaparte lui dit qu'il ne pouvait pas l'ignorer puisqu'il avait fait précéder ses généraux, qu'il devait en avoir reçu l'ordre du grand-duc. Le gouverneur mettant son chapeau sur la tête lui répondit que ses ordres portaient que le général Bonaparte venait à Livourne comme ami... et qu'il (le grand-duc) l'avait muni de pleins pouvoirs pour traiter avec lui. Que le général Bonaparte arrivait et insultait le gouverneur qui n'était pas fait pour être insulté. — Bonaparte le traita d'impertinent, le menaça de faire tomber sa tête, lui demanda qui était le commandant en second et de le faire venir. Ce que le gouverneur exécuta. Il (Spannocchi) lui dit qu'ayant la force en main il (Bonaparte) était le maître de faire ce qu'il croyait à propos, qu'il le priait de respecter en lui un représentant du grand-duc, un officier qui servait depuis trente ans avec honneur et gloire. Le général lui répondit qu'il déshonorait la représentation et l'uniforme, et qu'il lui ôtait dès l'instant le commandement. Le gouverneur demanda de pouvoir aller à Florence pour rendre compte à S. A. R. de ce qui venait de lui arriver. Le général ajouta brusquement qu'il n'irait que lorsqu'il l'aurait voulu, et de ne pas bouger. Le gouverneur répondit à ces menaces et à d'autres semblables qu'il le priait de regarder sa physionomie, qui n'était pas certainement celle d'un homme qui craignait ou qui eût des reproches à se faire. Il lui ajouta qu'il était ferme comme un rocher, froid

comme la glace, et qu'il ne se laisserait pas
effrayer. Ainsi il resta pendant une demi-heure,
appuyé sur sa canne, attendant de voir la fin de
cette scène.

« Le général La Villette arriva, il fut mieux
accueilli par le général Bonaparte qui demanda
des fourrages et des vivres. On promit de lui
en fournir. Les membres de la municipalité de
Livourne arrivèrent aussi. Le général français
les harangua avec hauteur. Ils voulurent faire
l'apologie du gouverneur ; elle fut rejetée. Ensuite vint le consul : il parla avec Bonaparte, et
peu de temps après un officier dit au gouverneur qu'il pouvait s'en aller chez lui[1]. »

Après cette entrevue peu diplomatique, le général en chef monta à cheval, entra en ville, et
se rendit au palais ducal, sur la grande place,
où il se fit préparer l'appartement de Ferdinand III, y établissant son quartier général et
plaçant des deux côtés de la porte des pièces
de canon. Un millier de fantassins campèrent
devant le palais, sur la *Piazza grande*. A neuf
heures, Bonaparte envoya le chef de brigade
Hulin[2], l'ancien « vainqueur de la Bastille »,

[1] L'original de cette plainte adressée par le ministre plénipotentiaire de Toscane Corsini au Directoire contre Bonaparte, plainte rédigée certainement par Spannocchi lui-même le lendemain de son arrivée à Florence est aux Archives des affaires étrangères (Fonds Toscane, t. 148, n° 44).

[2] Pierre-Augustin Hulin était ancien militaire, quand à l'âge de 31 ans il contribua dans une large mesure à la prise de la Bastille. Il reprit du service dans les armées de la Révolution. Nous le trouvons à Livourne en 1796

nommé commandant de place, arrêter Spannocchi dans son palais. Pendant la nuit on transféra le gouverneur chez un Marseillais, Pierre Perrier, à qui le grand-duc Pierre Léopold avait donné en 1779 l'ancien cimetière Saint-François pour y établir une fabrique d'amidon.

A dix heures du soir, Bonaparte, mécontent de l'accueil indifférent de la population, voulut aller au théâtre pour essayer d'y chercher des applaudissements. Il reçut dans la loge ducale les députations des amis de la France. Les troupes continuèrent à arriver par petites colonnes toute la nuit. On les logea dans les casernements libres des forts et sur le pré de la Bastia, hors de la porte de Pise.

Il y avait au plus six mille hommes. La municipalité demeura en permanence pour assurer la répartition des logements et le maintien de l'ordre, de concert avec le général major comte de Strasoldo, envoyé par le grand-duc pour accompagner les troupes françaises. Strasoldo était favorable à la France comme la plupart des conseillers du grand-duc. Il se montra pour la forme mécontent de l'arrestation de Spannocchi. Mais Santoni suppose, gratuitement peut-être, qu'au contraire il avait poussé Bo-

---

chef de brigade. L'année suivante il commandait à Milan. En 1804, général de division et chef de la garde consulaire, il présida le conseil de guerre qui envoya le duc d'Enghien à la mort. Enfin en 1813, gouverneur de Paris, il fit échouer par sa courageuse résistance la conspiration du général Malet, qui lui cassa la mâchoire d'un coup de pistolet.

naparte à cette mesure de rigueur, par dépit de ne pas avoir été nommé lui-même gouverneur de Livourne, au printemps.

La grande place se transformait en bivouac, une gravure du temps nous en a conservé le spectacle. Les chevaux, entravés à la corde, mangeaient leur fourrage sur le pavé. Nos soldats, aux vêtements déchirés, sans linge, sans souliers, inspiraient aux Livournais un étonnement mêlé de compassion. On distribua aux plus besogneux cinq cents chemises tirées des magasins militaires toscans. Les juifs en fournirent un millier d'autres. Les héros de Millesimo et de Lodi offraient un spectacle tout nouveau à un public habitué à la correction des troupes austro-toscanes. Plusieurs compagnies logeaient dans le palais ducal avec Bonaparte : les grenadiers coudoyaient sans façon les officiers supérieurs et les généraux, fumant leur pipe au balcon, dépeçant la viande sur les tables avec leurs sabres, au grand scandale des ennemis de la Révolution. Santoni s'indigne de ce manque de formes. Le chancelier d'évêché a l'odorat blessé par les émanations culinaires des postes de sans-culottes, postes répartis à tous les carrefours, car la ville était occupée militairement.

III

Bonaparte avait donné l'ordre à toutes les

autorités militaires, civiles et ecclésiastiques de se présenter au palais le 28 à midi. L'archevêque de Pise, Mgr Ange Franceschi se trouvait de passage à Livourne ; il crut bien faire en venant saluer le général en chef à onze heures. Celui-ci refusa brutalement de lui donner une audience particulière, sous prétexte qu'il allait au bain et lui fit dire de revenir avec les autres fonctionnaires. Tous se présentèrent au Palais à midi. Ils furent reçus par les commissaires Garreau et Salicetti, par les généraux Vaubois, Berthier, Murat, Dommartin et Ménard. Bonaparte leur laissa faire assez longtemps antichambre avant de se montrer. Il parut enfin, et pour donner à la marche sur Livourne son véritable caractère, il commença une violente diatribe contre les Anglais, avec l'allusion classique à Carthage, allusion obligatoire déclarant que « ces fiers insulaires trouveraient un autre Scipion pour les réduire. » Il ajouta que la neutralité de la Toscane serait sauvegardée, mais qu'il était décidé à faire respecter à l'égal de lui-même, le dernier de ses soldats. S'adressant ensuite à l'archevêque de Pise qui intercédait en faveur de Spannocchi, il lui demanda, ainsi qu'au vicaire général, de veiller à ce que les cérémonies du culte catholique ne fussent pas interrompues : précaution excellente, car on cherchait à ameuter le peuple en répétant que les républicains allaient fermer les églises. Il affirma que tout outrage à la religion commis par un de ses soldats serait sévèrement puni. Mme Spannocchi vint ensuite demander à Bonaparte la grâce de son mari. Le général refusa la grâce, mais il lui permit d'envoyer des vivres au prisonnier. Celui-ci put même dîner librement le soir avec quelques amis en présence de l'officier de garde.

Après ces audiences, Bonaparte monta à cheval, suivi de son état-major ; il visita le port, le môle, la forteresse neuve ; de la forteresse, il rentra au palais à pied. Dans la soirée, Spannocchi fut envoyé à Florence, sous l'escorte (c'est un point intéressant à noter) d'un détachement de l'armée toscane, chargé de le remettre à la disposition de Ferdinand III. Celui-ci le logea immédiatement au Belvédère, dans un appartement luxueux où s'installa aussi Mme Spannocchi qui avait suivi son mari. Tandis que l'ex-gouverneur de Livourne trouvant sans doute que son prince prenait insuffisamment fait et cause pour lui, en appelait au Directoire, et rédigeait contre Bonaparte la note que Corsini présentait au Gouvernement français, note que nous avons reproduite plus haut, le grand-duc écrivait au général en chef la lettre suivante, que lui porta sur l'heure, en poste, le ministre Manfredini :

« Le général Spannocchi, arrêté par votre ordre, a été transporté ici. Il est de ma délicatesse que je le retienne en arrestation jusqu'à ce que les motifs de cette mesure me soient connus, afin de vous donner, ainsi qu'à la République française et à toute l'Europe, le plus grand témoignage de cette équité conforme aux lois de mon pays, auxquelles je me suis toujours fait un devoir d'être soumis moi-même. »

On voit que Bonaparte avait négligé de faire connaître à Ferdinand III les motifs de l'arrestation de Spannocchi. Le général en chef n'y pensa que le lendemain. Aussi Manfredini trouva-t-il en route le courrier qui apportait à son maître les explications suivantes :

« Une heure avant que nous entrions à Livourne, une frégate anglaise a enlevé deux bâtiments français valant 500,000 livres. Le gouverneur les a laissés enlever sous le feu de ses batteries, ce qui est contraire à l'intention de V. A. R. et à la neutralité du port de Livourne. Je porte plainte à V. A. R. contre ce gouverneur qui, par toutes ses démarches, montre une haine prononcée contre les Français. Il a cherché hier, au moment de notre arrivée, à ameuter le peuple contre nous ; il n'est sorte de mauvais traitements qu'il n'ait fait essuyer à notre avant-garde. J'aurais été autorisé sans doute, à le faire juger par une commission militaire, mais par respect pour V. A. R, intimement persuadé de l'esprit de justice qui caractérise toutes ses actions, j'ai préféré l'envoyer à Florence, convaincu qu'elle donnera des ordres pour le faire punir sévèrement. »

Bonaparte, dans la même lettre, remerciait

le grand-duc pour le concours dévoué que lui avait prêté le général Strasoldo.

Qu'y avait-il de fondé dans les accusations, en tous cas fort exagérées, portées par le général en chef contre le gouverneur de Livourne, accusations qu'il reproduisait le même jour dans une dépêche au Directoire? Sans doute, Spannocchi était hostile à la France ; mais ce n'était point sa faute, s'il n'avait pu empêcher les Anglais d'embarquer leurs marchandises et même d'emmener des prises françaises. Eût-il voulu s'y opposer, il n'en avait pas les moyens. Toujours est-il que Spannocchi, aussitôt après le départ de Bonaparte, fut mis en liberté par le grand-duc. Napoléon ne lui garda pas rancune, car à l'île d'Elbe, dix-neuf ans plus tard une des premières questions qu'il adressait à tous les Livournais qui venaient le visiter, était celle-ci : « Comment se porte Spannocchi ? Que fait-il ? » Et le docteur Antomarchi rapporte les paroles suivantes du prisonnier de Sainte-Hélène : « Livourne avait pour gouverneur un homme dont j'ai pu apprécier le caractère depuis ma chute... je le mandai, je l'accablai de reproches, je le maltraitai, j'avais tort. J'ai pu m'en assurer depuis. Spannocchi était plein de noblesse et de loyauté, j'en fis l'expérience à l'île d'Elbe[1]. »

IV

Le 29, le général toscan La Villette, le second

[1] *Derniers moments de Napoléon*, t. 160.

de Spannocchi, conservé comme gouverneur militaire et civil, pour bien montrer à tous que l'armée française n'entendait en aucune façon se substituer au gouvernement légal, annonça à la population, dans un avis rédigé par l'avocat Michon, que tous les citoyens eussent à déposer, dans les vingt-quatre heures, entre les mains d'un officier du grand-duc, à la forteresse, les armes dont ils étaient détenteurs. On devait leur en délivrer reçu, en vue d'une restitution prochaine. Exception était faite, naturellement, en faveur des troupes régulières toscanes et des chasseurs volontaires, appelés à concourir avec les Français au maintien de l'ordre. La municipalité, de son côté, publiait, par voie d'affichage, qu'elle avait été reçue chez le général en chef « avec les plus grandes et les plus précieuses assurances de protection, d'amitié et de bienveillance ». Elle suppliait les habitants d'éviter toute occasion de troubles, qui seraient d'ailleurs sévèrement réprimés. L'archevêque de Pise, resté à Livourne, transmit au clergé une notification analogue. Le désarmement eut lieu sans incident ni protestation.

Mais le but unique du Directoire et de Bonaparte, en marchant sur Livourne, au risque de paraître violer au moins dans la forme la neutralité de la Toscane, but poursuivi, semble-t-il avec l'adhésion tacite de la cour de Florence, était la saisie des marchandises appartenant aux ennemis de la République, notamment aux Anglais. Les Napolitains avaient à Livourne environ pour quinze millions de marchandises, mais Bonaparte qui venait de signer un armistice avec le gouvernement napolitain, de sa propre autorité[1], s'opposa à ce que ces marchandises fussent saisies. Les Anglais, quoique prévenus à temps, n'avaient pas pu tout emporter. Le 28, Bonaparte, sans plus tarder, signa un ordre enjoignant au consul général de France, de faire mettre les scellés sur tous les magasins appartenant aux Anglais et aux sujets des divers souverains en guerre avec la République. Belleville était requis « de faire toutes les démarches, prendres toutes les mesures, et employer tous les moyens nécessaires pour découvrir les marchandises qui pourraient avoir été déposées par les Anglais chez les différents négociants de Livourne, et s'en mettre en possession. » En exécution de cet ordre, le 29 juin, le consul de France invitait par une affiche, tous les habitants, de quelque nation qu'ils fussent, qui posséderaient, à titre de dépôt au autrement, des effets, marchandises, chevaux, argents, bijoux, meubles, etc., appartenant aux sujets de la Grande-Bretagne, de l'Empereur, de la Russie

---

[1] Dans sa dépêche au Directoire du 22 messidor (citée plus haut), Cacault nous montre avec quel sans gêne factieux agissait Bonaparte.
« C'est le général en chef qui a traité et signé l'armistice avec Naples, les commissaires ne l'ont pas signé. J'ignore même s'ils ont été consultés ». C'est ce que Cacault appelait « une certaine tendance militaire à l'envahissement du pouvoir administratif... au détriment de la chose publique ».

ou autres ennemis de la France, à remettre dans la journée du lendemain, 12 messidor (30 juin,) au consul lui-même, un état détaillé et une déclaration véridique des effets et sommes d'argent appartenant aux sujets desdits états en guerre avec la République.

« Ceux qui auront contracté depuis moins de quinze jours avec ces ennemis, spécifiait Belleville, de quelque manière et dans quelque forme que ce puisse être, doivent également en faire leur déclaration su consul de la République. Le consul invite spécialement les Français à lui indiquer les effets cachés, déposés ou aliénés par vente simulée ou de toute autre manière. Aucun motif pour les retenir ne sera admissible, parce qu'il est prouvé que les citoyens français ont été, en différents temps, dépouillés ou lésés par les mesures sourdes des ennemis de la République, dans le port de Livourne, et que même, la force et la violence ont été employées. C'est donc le droit le plus légitime de représailles que la République française exerce, et une restitution de ses propriétés également juste, qu'elle réclame aujourd'hui, conformément au droit de toutes les nations. »

Suit un exposé des conséquences fâcheuses que pourrait avoir l'inobservation de ces instructions. Belleville terminait en disant :

« L'intention du général en chef est que toutes

les propriétés ennemies soient remises dans les mains de la République comme prises faites en mer. En conséquence, et par cette considération, toutes les recherches et tous jugements sont attribués à la juridiction consulaire. »

On remarquera quel soin les autorités françaises, Belleville comme Bonaparte, mettaient à justifier aux yeux de l'opinion les très délicates mesures de rigueur prises contre les Anglais. L'Angleterre, en guerre ouverte avec la France, était notre plus redoutable ennemi, entretenant de son or, comme elle devait le faire pendant vingt ans, les armées qui menaçaient nos frontières, et occupant en face de Livourne une de nos provinces, la Corse, livrée par la trahison de Paoli. Le Directoire avait pensé qu'il était de bonne guerre de frapper nos ennemis à l'endroit sensible, en ruinant leur commerce dans une région où un gouvernement aussi faible que celui de Ferdinand III ne pouvait, malgré sa bonne volonté, les empêcher de molester nos nationaux, et de ravitailler les croiseurs qui écumaient les eaux françaises. Nul n'eût contesté à nos vaisseaux le droit de saisir les marchandises anglaises sur mer ; c'est à une prise maritime que Belleville, après Bonaparte, avait soin d'assimiler les représailles de Livourne. Ces mesures de rigueurs étaient et sont hélas ! encore les cruelles nécessités de la guerre. Il nous suffit, pour répondre sur ce point aux déclamations de Lanfrey contre les armées républicaines, à ses réquisitoires contre nos généraux et nos commissaires, de rappeler que l'idée première de cette expédition à la fois militaire et commerciale sur Livourne appartenait à un homme dont nul ne peut contester la probité, à Carnot.

Cette circulaire, à laquelle tout le monde s'attendait, n'en produisit pas moins un fâcheux effet sur la place de Livourne, déjà très troublée par la fuite des Anglais partis sans régler leurs échéances ni leurs opérations de banque. La situation des commerçants était doublement périlleuse. Ils s'exposaient, en recélant les dépôts de leurs correspondants, aux rigueurs des Français; en les dénonçant, aux représailles de l'Angleterre. Les israélites seuls se montraient radieux. Ils accueillirent avec enthousiasme nos troupes dans les rangs desquelles servaient un certain nombre de leurs coréligionnaires. Ils aimaient la France avec passion, n'oubliant pas que l'Assemblée constituante avait ouvert pour eux, après tant de siècles de persécutions, l'ère de l'égalité civile et politique. Très nombreux à Livourne, ils furent les auxiliaires les plus utiles du consul Belleville, et rendirent de nombreux services au moment de l'entrée du corps expéditionnaire. Aussi un des historiens locaux de Livourne, le prêtre Giuseppe Piombanti, dans son *Guida storica ed artistica*, associe-t-il les israélites à ses virulentes diatribes contre les Français. L'agent de la République leur avait sans doute fait pressentir la confiscation prochaine des marchandises anglaises, car ils évitèrent soigneusement d'accorder du crédit, pendant le mois de juin, aux négociants anglais. Les catholiques, au contraire, s'engagèrent comme d'habitude, et se trouvèrent fort embarrassés à l'échéance pour se faire payer de leurs débiteurs qui avaient disparu.

Pour porter remède à un état de choses si pénible, l'avocat Antoine Michon, conseiller de la municipalité et de Spannocchi, fit créer un comité de quinze négociants chargés de soutenir en face des Français et du gouvernement toscan les intérêts du commerce de Livourne. Le comité comprenait des membres toscans, génois, napolitains, français, suisses, grecs, allemands et juifs. Le chancelier d'évêché Santoni attaque nommément la plupart des membres comme entachés de « jacobinisme ». Ils se rendirent immédiatement chez Salicetti et Garreau pour déclarer qu'il était matériellement impossible de dresser en vingt-quatre heures un état exact des marchandises appartenant aux ennemis de la République. Le délai fut porté à quinze jours par les commissaires du Directoire. La commission des négociants demanda aussi que les commerçants livournais fussent autorisés à établir des comptes de compensation pour les affaires pendantes entre eux et les Anglais, et à prélever sur les dépôts une valeur équivalente aux sommes qui leur étaient dues. La question resta sans solution, car, le 14 août 1796, Corsini, plénipotentiaire toscan à Paris, adressait au

Directoire, une requête dans le même sens[1]

Le 30, une nouvelle « commission exécutive de révision » de trois membres fut nommée pour régler la question des marchandises anglaises sous la direction du consul général Belleville. Elle s'installa dans l'ancienne maison du consul anglais Udny, d'où l'écusson britannique avait disparu, ce qui fit dire par la *Gazette universelle* de Florence du 5 juillet que le consul français avait pris possession du consulat d'Angleterre par droit de conquête. Belleville crut devoir répondre à la *Gazette* le 11 juillet, qu'il n'avait pas quitté sa modeste maison, et que l'écusson d'Angleterre avait été enlevé la nuit et mis en lieu sûr par un domestique d'Udny.

La commission de révision commença par saisir les livres des trois lazareths ; elle mit le séquestre sur les marchandises anglaises déposées dans ces établissements, à la douane et chez les commissaires-priseurs. Elle proposa ensuite à Salicetti et à Garreau de former un syndicat qui rachèterait à forfait au gouvernement français les marchandises d'origine douteuse et suspecte, sur la nationalité desquelles il pouvait s'élever des contestations. A un moment donné, dit Santoni, on eût pu traiter pour la somme relativement insignifiante de trois millions. Mais la commission ayant hésité, Salicetti reprit sa parole, et exigea cinq millions.

[1] (*Arch. Aff. étr.* fonds Toscane, t. CXLVIII, n° 93).

IV

Pendant que les commissaires du Directoire prenaient leurs mesures pour exécuter les ordres de leur gouvernement, les six mille hommes de troupes françaises, dont on n'avait pu loger que de faibles détachements dans les deux forteresses et à la pointe du môle, étaient encore presque tous campés, les uns hors de la ville, les autres sur les places publiques, ou logés dans les édifices publics, dans les magasins de la Darse, aux *Bottini dell'olio* (citernes d'huile), dans quelques magasins anglais ou sous des hangars appartenant aux moines Camaldules, hors de la porte Colonelle. On ne leur distribua des effets de literie que plus tard, et sur un appel de la municipalité les habitants leur fournirent trois mille matelas, de très bonne grâce, dit Santoni qui avoue d'ailleurs, témoignage d'un grand poids dans sa bouche, que les Français ne se livrèrent à aucun excès, et qu' « ils se gardèrent de commettre aucun acte équivoque contre la religion [1] ». La population excitée par les partisans des Anglais n'était pourtant pas rassurée, elle encombrait les églises, allait

---

[1] L'historien Louis-Lazare Papi dit de même en racontant ces événements : « Pourtant les Français à Livourne se comportèrent très bien et paisiblement avec les habitants ». *Commentarii della Rivoluzione francese* V, 196.

brûler des cierges à la madone renommée du
Monte-Néro, et émigrait dans de telles proportions que cinq mille passeports furent délivrés
du 27 au 30 juin. Les Français ne s'opposèrent
en rien à ce mouvement. Les passeports, délivrés au nom du grand-duc, étaient visés par le
général Vaubois.

Bonaparte n'avait plus rien à faire dans le
port toscan, où, du reste, la besogne à laquelle
il venait de mettre la main, peu digne des
préoccupations d'un général en chef victorieux, aurait été aussi bien accomplie par un
sous-ordre quelconque. Le 29, il donna un
grand déjeuner à ses officiers et aux autorités.
Il alla ensuite à pied rendre visite à Mme Dominique Mattei qui était venue la veille lui demander la grâce de son frère compromis au
service de l'Angleterre. (Elle l'avait obtenue).
Il revint au palais, monta à cheval et partit
pour Florence, avec une nombreuse escorte. Le
soir, il coucha à San-Miniato, chez un de ses
parents ou se disant tel, un vieil abbé Bonaparte qui lui recommanda de profiter de sa
belle situation en Italie pour demander au pape
la canonisation gratuite d'un de leurs ancêtres
communs, le capucin Bonaventure Bonaparte
de Bologne, béatifié depuis longtemps, et dont
la cause était restée en souffrance faute d'argent. Cette anecdote est racontée dans le *Mémorial de Sainte-Hélène*, et Las Cases ajoute,
d'après l'empereur, que jadis un Bonaparte avait
été chargé de négocier le traité portant échange

de Livourne contre Sarzane. Un autre Bonaparte de San-M. niato fut nommé, en 1629, prévôt de la collégiale de Livourne par le pape Urbain VIII. Mais ces Bonaparte de vieille noblesse toscane étaient-ils parents du soldat de fortune qu'ils reconnaissaient comme allié au lendemain de ses victoires? On peut en douter avec Santoni. Rien ne le prouve du moins.

Le général passa la matinée à San-Miniato, et arriva à Florence le 30 à sept heures du soir seulement, suivi du fidèle Berthier. Il descendit chez Miot, ministre de la République française en Toscane, et se rendit après souper au théâtre. Le lendemain, 1ᵉʳ juillet, il dîna chez le grand-duc, qui le reçut très cordialement. Ferdinand III n'avait pas de rancune, et l'occupation de Livourne ne lui paraissait pas une offense si grave.

Cacault dans sa dépêche au Directoire (déjà citée, en date du 22 messidor) dit pourtant que la grande-duchesse prétexta une indisposition pour ne pas venir à table. Le ministre Seratti s'excusa aussi. Pendant le repas, une estafette apporta au général en chef la nouvelle de la prise du château de Milan, dernier point occupé par les Autrichiens. Après midi, Bonaparte visita les musées qui lui plurent peu car il ne pouvait pas décemment emballer les toiles pour Paris. Le soir il repartit pour rejoindre son armée, assez mécontent de l'accueil froid des Florentins.

V

Il avait laissé le gouvernement de Livourne au général Vaubois, avec le général Ménard pour second et le chef de brigade Hulin pour commandant de place. La Villette, dans ses dépêches quotidiennes au ministre Seratti, se loue fort du général Vaubois, très sévère sur la discipline, au point de menacer ses soldats du peloton d'exécution pour les infractions les plus légères (30 juin). La Villette rapporte (2 juillet) que Vaubois lui a livré des gens sans aveu qui avaient cru se mettre à l'abri de la justice en arborant la cocarde tricolore. Un fait permet de juger le caractère du commandant français. Des corsaires portant notre pavillon avaient cru pouvoir aborder au petit fort de Bocca d'Arno, et tirer le canon de ce fort contre un corsaire anglais. La Villette blâma le commandant du fortin qui n'avait pas osé imposer aux corsaires français le respect de la neutralité, et se plaignit dans une lettre du 4 juillet adressée au gouverneur de Pise, déclarant que Vaubois, mis au courant de ce fait, avait manifesté l'intention de punir ses compatriotes.

Dès sa nomination, le général Vaubois reçut la visite des autorités. Il la leur rendit sur l'heure, les assurant de son respect pour les fonctionnaires locaux et de ses excellentes dispositions pour Livourne. Il prononça un réquisitoire contre les Anglais, disant que la République était obligée, pour venger ses nationaux et sauvegarder leurs intérêts, de rompre les relations de Livourne avec la Grande-Bretagne, mais que le port toscan trouverait une compensation à cette rupture dans l'alliance de la France.

Nous avons déjà dit que Livourne possédait une garnison de troupes toscanes qui dès le 27 avait vécu dans les meilleurs termes avec le corps d'occupation français. Cette garnison se composait de huit compagnies de fusiliers et grenadiers, en tout 1700 hommes. Bonaparte avant de partir demanda qu'elle fût diminuée. Le 30, le général la Villette expédiait à Pise quatre compagnies de fusiliers. Une fraction de la population poussée par le parti anglais, murmura prétendant que la sécurité publique serait compromise. Vaubois fit publier par le général La Villette une proclamation pour dire que si quatre compagnies de l'armée toscane avaient évacué Livourne, c'était pour la commodité commune des troupes toscanes et françaises et afin de procurer des casernements à ces dernières et d'éviter l'encombrement. Le lendemain, 1ᵉʳ juillet, La Villette, en sa qualité de général-major, gouverneur par intérim pour le grand-duc, titre qui établit la coexistence des deux autorités militaires, affichait une autre publication, déclarant que le service des patrouilles et des gardes serait fait alternativement par les Italiens et les Français ; que ces derniers payeraient toutes leurs provisions comptant, et que les fournisseurs ne devaient rien leur livrer que sur la signature de Vaubois, d'Hulin, des commissaires du Directoire ou du consul général de la République. Cette affiche portait en tête les armes de Ferdinand III, détail insignifiant sans doute, mais qui rassura la population et produisit bon effet.

Le 4 juillet, le général Vaubois donna une grande fête au théâtre. L'assistance fut nombreuse, on chanta le *Ça ira*, la *Marseillaise*, on dansa ; le buffet était richement servi. Les généraux et les commissaires se montrèrent très empressés auprès des dames, dit Santoni, qui essaye d'atténuer l'éclat et la belle ordonnance de la fête. Il reconnaît cependant que l'ordre le plus parfait ne cessa de régner.

Le même jour, on affichait une proclamation du grand-duc avisant ses sujets qu'à l'exception de la garnison de Livourne toutes les troupes françaises allaient évacuer la Toscane. Ferdinand III invitait la municipalité à s'adresser au général Strasoldo pour se faire payer les fournitures et les réquisitions du corps expéditionnaire français, ainsi que les indemnités dues pour dommages causés. Le grand-duc félicitait les Livournais de leur attitude, et les troupes françaises de leur discipline, exprimant l'espérance que ce bon accord continuerait.

Le lendemain 5 juillet, Vaubois publia une réquisition des commissaires du Directoire demandant l'expulsion des émigrés français compromis avec les Anglais. Ils avaient trois jours pour quitter Livourne. Mais un délai illimité était promis aux vieillards, aux enfants et aux malades qui en feraient la demande au consulat de France. Un autre décret notifiait l'expulsion de tous les Anglais d'origine. Mais ce décret fut aussi atténué dès le 6 par un avis d'Hulin qui offrait des sursis à tous ceux qui en réclameraient en donnant des motifs sérieux à l'appui.

Le chancelier d'évêché Santoni reconnaît que Vaubois, Hulin et Belleville accueillirent avec bienveillance tous ceux, tant émigrés qu'Anglais, qui demandèrent l'autorisation de demeurer à Livourne. Satisfaction leur fut accordée à tous. Santoni prétend, il est vrai, que les émigrés ainsi favorisés étaient de faux émigrés. Mais les Anglais étaient-ils de faux Anglais ?

VI

Nous n'avons pas l'intention de raconter en détail l'histoire de cette première occupation de Livourne par les Français, occupation qui dura jusqu'au milieu de 1797. Les documents officiels conservés aux archives de la préfecture de Livourne et le journal de Santoni nous faciliteraient singulièrement cette tâche. Nous n'insisterons pas davantage sur la procédure de saisie des marchandises anglaises. Elles furent vendues dans les formes les plus régulières, par les soins de la compagnie Laporte et Flachat, qui s'était chargée par traité passé avec le gouvernement français de vendre les prises de nos armées. Ces opérations firent entrer une dizaine de millions dans les coffres de la République. Les Anglais avaient pu mettre à l'abri une valeur de plus du triple. A propos de ces ventes, Bonaparte a porté de graves accusations de concussion contre Salicetti et Garreau, accusations complaisamment reproduites par Lanfrey. Mais Michelet les a trop victorieusement réfutées[1] pour qu'il soit nécessaire d'y revenir. Bonaparte, toujours peu scrupuleux sur le choix des moyens, en digne disciple de Machiavel, cherchait uniquement à perdre dans l'opinion les deux commissaires du gouvernement, héritiers des traditions du Comité de salut public, qui le gênaient par leur surveillance. N'allait-il pas jusqu'à reprocher à Salicetti de lui avoir offert cinq millions pour sa part dans le « pillage » de Livourne, accusation d'une invraisemblance enfantine, insultant ainsi gratuitement son ex-protecteur (qu'il avait déjà payé, dit-on, en séduisant sa femme), sans prendre d'ailleurs au sérieux sa propre accusation, articulée pour la galerie, puisque plus tard il confiait au même Salicetti un poste tout de confiance, le ministère de la police gé-

---

[1] *Origine des Bonaparte*, 3ᵉ partie, chapitre X.

nérale à Naples sous Joseph. Il faisait à la même époque un crime à l'ancien conventionnel d'avoir voulu payer aux Toscans les réquisitions de vivres, reproche qui jure un peu avec les accusations de malversation. La haine de tout contrôle, quel qu'il fût, poussait même le général en chef à attaquer et à chasser les fournisseurs commissionnés par le Directoire qui lui avaient fourni les moyens de vaincre, comme Flachat. Le 3 thermidor, il s'était débarrassé de Cacault, qui l'avait percé à jour, en l'envoyant à Rome [1].

Notre but, sans entrer plus avant dans ces détails répugnants, a été simplement de tracer un tableau exact de l'entrée des Français à Livourne et de montrer que si l'occupation troubla profondément le commerce extérieur de cette place, presque tout en des mains étrangères, du moins le grand-duc et ses sujets souffrirent médiocrement de la prétendue violation de la neutralité de la Toscane. Ferdinand III était si peu blessé par la conduite du jeune général qui devait, quatorze ans plus tard, devenir son neveu en épousant Marie-Louise, que, le recevant à sa table, le 1ᵉʳ juillet, il lui témoignait publiquement et naïvement sa satisfaction « de voir un héros ». Nous avons établi que l'occupation de Livourne fut opérée de compte à demi par la garnison française et par les trou-

---

[1] Cacault, assez bien disposé pour Bonaparte, l'appelait pourtant « le petit tigre ». Voir d'Haussonville. *L'Église romaine et le premier Empire*, I, 105.

pes du grand-duc, et rappelé que celui-ci, déjà représenté officiellement par le gouverneur La Villette, s'était fait représenter personnellement à l'état-major de Bonaparte par le général Strasoldo, chargé de pourvoir aux besoins du corps expéditionnaire. Les documents sur lesquels nous nous sommes appuyés sont les dépêches du général La Villette au ministre Seratti, et surtout les dépositions d'un témoin oculaire passionnément hostile à la France ; quand Santoni nous dit que les Français, fidèles à leurs promesses, respectèrent les personnes, les propriétés des neutres et ne firent rien contre la religion, on peut l'en croire. Ce respect, par un caprice de Bonaparte, l'organisateur de ces réquisitions inconnues aux armées de la Révolution et qui nous aliénèrent justement l'Italie, s'étendit même aux quinze millions de marchandises napolitaines qui étaient de bonne prise ; le général en chef les mit à l'abri en signant avec Naples, à l'insu des agents du gouvernement français, un armistice hâtif et clandestin que rien ne motivait.

Il faut aussi dire un mot de la conduite des Anglais à la suite de ces événements. Pour se venger du grand-duc de Toscane, qu'ils considéraient comme le complice de Bonaparte, Gilbert Elliot, vice-roi de la Corse, fit occuper l'île d'Elbe, dont Bonaparte n'avait pas songé à s'assurer, faute de forces suffisantes. Les troupes anglaises conduites par le commandant Duncan, débarquèrent à Aquaviva, dans la nuit du 9 au 10 juillet. Elles entrèrent sans résistance à Porto-Ferrajo, sous prétexte de défendre l'île contre une aggression possible des Français, et se retirèrent au bout d'un an, quand nous évacuâmes Livourne [1].

[1] Stephano Egidio Petroni, a publié à Naples en 1809, un superbe recueil in-4° de cent odes en l'honneur de Napoléon, avec cent médaillons gravés sous le titre de la *Napoléonide*. Voici la traduction d'une partie de l'ode X, consacrée à l'occupation de Livourne par Bonaparte. C'est le grand duc Ferdinand qui parle au général en chef français : « La plage de la mer Thyrrhénienne retentit de chants belliqueux, et je n'ai pas la force nécessaire pour la défendre. — Je me souviens encore de l'orgueil anglais d'Hervey, quand il me serrait de près et voulait honteusement blesser en ma personne le vieil honneur de la patrie toscane. — Le général (Bonaparte) entendit : Ne crains rien, dit-il, le drapeau gaulois et mes guerriers défendront Livourne. Je t'offre ma protection. L'ennemi s'enfuira loin de nous, avec ses navires insatiables ; il ira ailleurs sur les vastes étendues de la mer bleue, faire verser des larmes à d'autres. — Il (Bonaparte) dit, et cela fut. L'insulaire du Nord quitte ce port si convoité et fuit. Le Gaulois défend la ville, au milieu des applaudissements, et pour la satisfaction commune (de la France et de la Toscane). »

EPISODES DE LA RÉVOLUTION DE GÊNES [1]

EN 1797

Dès le milieu du dix-huitième siècle, la République de Gênes était travaillée par la franc-maçonnerie et par d'autres sociétés secrètes. On suit au jour le jour leur triple action philosophique, sociale et politique dans les rapports des inquisiteurs d'État conservés aux archives génoises. Depuis des siècles, la faction aristocratique gouvernait sans contrepoids la vieille République ligure, et par son absolutisme excitait de vifs mécontentements. En 1789, la prise de la Bastille vint donner par delà les frontières force et courage aux libéraux génois, et augmenter les appréhensions du Sénat, qui redou-

---

[1] Sur cette période on consultera avec intérêt : BOTTA, *Storia d'Italia dal 1789 al 1814*. — PAPI. *Comentarii della Rivoluzione*. — ACH. NERI. *Un Giarnalista della Rivoluzione genovese*. (*Illustrazione italiana*, février 1887). BELGRANO. *Imbreviature di Giovanni Scriba* (Génova 1882). BASTIDE. *Histoire générale et raisonnée de la République de Gênes, dédiée à messieurs les volontaires* (3 vol. in-8º, 1794-95). FONTIN DERODOARD. *Histoire d'Italie*, etc., etc.).

tait à l'égal de la peste la contagion de la France révolutionnaire. Néanmoins il s'abstint de prendre parti contre nous, pour divers motifs, parmi lesquels la prudence la plus élémentaire tenait un bon rang ; en effet, les grosses maisons de Gênes possédaient quatorze millions de rentes françaises, et craignaient pour leurs arrérages en cas de rupture. Le gouvernement ne crut cependant pas devoir s'abstenir de garder vis-à-vis de nos adversaires les Anglais certains ménagements qui violaient sinon la lettre, du moins l'esprit de la neutralité.

Dans ces circonstances, la France avait à se tenir sur la défensive. Aussi, à la fin de 1792, la Convention envoya-t-elle à Gênes un nouveau chargé d'affaires, Tilly, avec des instructions secrètes pour favoriser par tous les moyens en Ligurie l'infiltration révolutionnaire. Le Sénat, de son côté, ne négligeait rien pour s'opposer à la distribution des journaux et des brochures venant de France, interdisant aux imprimeurs de reproduire des écrits français, la Déclaration des droits de l'homme par exemple. Les inquisiteurs d'État étaient toujours sur la piste des chefs du parti populaire, qualifiés par les rapports de police du nom significatif « de séditieux gallophiles ». Notre ministre Tilly d'abord, son successeur Faypoult ensuite, protégeaient ostensiblement l'opposition locale, situation médiocrement correcte au point de vue diplomatique, mais bien naturelle puisque le gouvernement, en dépit de la neutralité, appuyait en plein jour nos ennemis. D'ailleurs les agents des autres puissances à Gênes ne se faisaient pas faute non plus de se mêler aux affaires du pays au mieux des intérêts de leurs gouvernements respectifs. C'est probablement dans les bureaux de Tilly que fut composée sur un air fameux la chanson à la mode chez les frondeurs, chanson dont M. Belgrano, le savant professeur à l'université de Gênes, dans ses *Imbreviature di Giovanni Scriba*, cite le couplet suivant :

> Les Génois avaient dit entre eux ;
> Les Anglais sont de f... gueux,
> Ne dansons désormais
> Aucun pas anglais.
>
> Dansons la carmagnole !
> Vive le son, vive le son,
> Vive le son du canon !

Parmi les plus zélés « jacobins » génois, qui se réunissaient soit chez le pharmacien Félix Morando, soit dans une arrière salle du *Grand-Café*, piazza dei Banchi, figuraient plusieurs jeunes patriciens ayant rompu avec les traditions de leurs familles, entre autres les frères Jean-Baptiste et Jean Charles Serra et Gaspare Sauli ; leur influence devint vite considérable, tant à cause de leur origine que de leur valeur personnelle. Jean-Baptiste Serra, enthousiaste de la Révolution, se rendit pendant l'été de 1792 à Paris où il fréquenta Robespierre et ses amis du club des Jacobins. On peut lire dans le *Moniteur* du 17 octobre 1792 une longue lettre, datée du 15 octobre, dans laquelle Serra dénonce l'existence à Gênes d'un « comité autrichien » dirigé par l'agent de Russie et le secrétaire de la légation de Sardaigne, comité qui exerçait, selon lui, une influence prépondérante sur le Sénat génois. « La nation française, dit Serra, ne fera pas un crime au peuple génois de la haine impuissante de quelques individus qui ont usurpé dans leur patrie une influence qu'ils ne devraient pas avoir. » Il ajoute qu' « il est de l'intérêt de la France que Gênes soit française ou alliée des Français ; ses côtes peuplées d'excellents matelots peuvent fournir à l'équipement des flottes de la Méditerranée ». Serra terminait en disant : « Depuis longtemps, je me regarde comme Français. Il suffira de savoir que tous ceux qui me connaissent m'appellent *Serra le Jacobin*, nom dont je me fais gloire. »

Cette lettre au *Moniteur* montre bien les sentiments de Jean-Baptiste Serra. Le 30 janvier 1793, il adressait par la voie du même journal un manifeste aux Génois : « Je ne me suis pas trompé, dit-il ; ma patrie a dans son sein des âmes dignes de la liberté ! Continuez, braves Liguriens ! la République française remplira les plus hautes destinées ; plus glorieuse que la romaine, elle affranchira l'univers, loin de l'asservir... Mais d'où vient que l'oligarchie génoise relève sa tête humiliée par le succès des armes françaises ?... » Et faisant allusion à un timide essai de conciliation tenté par le gouvernement génois, qui avait voulu entamer le parti plébéien en inscrivant quelques noms nouveaux sur le Livre d'or, il ajoutait : « Vos aristocrates ont fait semblant de vouloir admettre dans leur sein d'ignobles plébéiens... Quant à moi, vous m'avez pardonné la tache originelle d'appartenir à cette caste dont jamais je n'eus les principes. »

Jean-Baptiste Serra prolongea son séjour à Paris jusqu'à la fin de 1793, vivant dans la familiarité des chefs du parti révolutionnaire. Mais l'ex-patricien génois avait un cœur une passion presque égale à celle de la République. Il aimait les jolies femmes. En vertu de cette prédilection, il s'enflamma d'un beau zèle pour Marie-Antoinette prisonnière, qu'il admirait probablement de confiance sur la foi d'anciens portraits. Il tenta — dit M. Achille Néri dans un excellent article sur Gaspare Sauli,[1] d'arracher cette princesse à la mort. Mais la police eut vite connaissance de ce projet, et, malgré ses hautes protections, Serra dut s'enfuir en toute hâte. Il rentra imprudemment à Gênes.

Son ami Gaspare Sauli appartenait aussi à l'aristocratie. Né en 1765, il avait été élevé au collège de Ferrare, et il embrassa dès son adolescence les idées libérales. Il se consacra d'abord à la littérature et collabora en 1788 à une pièce intitulée *Socrate*, parodie des tragédies d'Alfieri, alors en grande faveur. Lui aussi se lança à corps perdu dans le parti gallophile,

---

[1] *Illustrazione italiana*, 20 et 27 février 1887.

passionné qu'il était pour les principes de 89. A l'exemple de Serra, il partit pour la France en décembre 1793, et s'arrêta d'abord à Nice où il fit connaissance avec Robespierre jeune, alors en mission dans le Midi. Il séjourna quelque temps à Paris ; sur la recommandation d'Augustin Robespierre, il fut accueilli avec bienveillance par Maximilien. Il se rendit ensuite, nous ne savons pour quel motif, dans la Haute Saône et passa le mois de février 1794 à Vesoul. Sauli n'explique pas clairement le but de ce voyage dans l'interrogatoire que lui firent subir, deux mois après, les inquisiteurs d'Etat, interrogatoire inséré au tome XI des *Appunti storici*, manuscrit précieux de la Bibliothèque de l'université de Gênes.[1] A la Société populaire de Vesoul, Sauli prononça un discours qui a été imprimé en brochure : « C'est depuis 89 que mon cœur est jacobin ! s'écriait l'orateur. C'est depuis cette mémorable époque que j'ai suivi la marche de cette Révolution que toute l'Europe combat et admire, et qui bravera les efforts de ses ennemis, les intrigues de ses enfants dénaturés et les trames perfides de tous les êtres impurs acharnés à la détruire. » Ensuite, s'adressant à Robespierre, il continuait en ces termes : « Et toi, ô Robespierre ! toi qui as tant de titres à mon estime, à mon admira-

---

[1] Nous n'avons pu retrouver les traces de ce voyage aux Archives départementales de la Haute-Saône où sont pourtant conservés les papiers des sociétés populaires et des clubs de Vesoul pendant la Révolution.

tion, à mon amitié, toi qui aux talents les plus rares sais joindre la modestie qui les rend plus précieux... etc., etc. » Cette apostrophe, rappelant les prosopopées de Jean-Jacques, dut flatter doublement la « modestie » du grand Maximilien.

Malgré les avis de ses amis, Sauli fit, comme Serra, la folie de rentrer à Gênes à la fin de mars, après une semaine passée à Besançon. C'était se jeter dans la gueule du loup. Les inquisiteurs d'État lui laissèrent à peine le temps de se débotter. Le 8 avril, à la suite d'une visite domiciliaire où l'on saisit tous ses papiers, il était appréhendé au corps et incarcéré avec quelques compagnons, dont Serra, sous la vague inculpation d'avoir voulu provoquer une sédition pour démocratiser la Constitution génoise. Il supporta gaiement la captivité, écrivant à sa famille ou lisant des livres d'histoire. Le ministre de France avait vainement essayé d'empêcher l'arrestation de plusieurs des prévenus, les réclamant comme attachés à sa légation. Il put au moins agir indirectement sur les juges en faveur des accusés. On n'avait pas d'ailleurs pu relever contre eux des charges sérieuses, et ils furent relâchés au bout de six mois. Serra annonçait cette bonne nouvelle à ses amis de Paris, dès son élargissement, par une note datée de Gênes le 15 novembre 1794 et insérée au *Moniteur* du 18 frimaire an III.

Pendant les années 1795 et 1796, la lutte continua en Ligurie entre les patriciens investis du pouvoir et les libéraux. La protection officielle du ministre français Faypoult encourageait Sauli, les Serra et leurs amis, le pharmacien Félix Morando, les médecins Pierre Bonami et Barth, le prêtre Giustiniani, Vitaliani, le patricien de Negro, etc. L'action de la France, sollicitée par le parti avancé, devenait de jour en jour plus énergique. Le Directoire comprenait que, pour détruire l'influence séculaire des Autrichiens dans la Haute-Italie, il fallait partout y substituer un régime populaire aux gouvernements aristocratiques inféodés à la cour de Vienne. Les victoires de Bonaparte, l'exemple donné par Venise qui, avec l'aide des Français, avait renversé son oligarchie, invitaient les patriotes génois à secouer le joug à leur tour. Le 22 mai 1767, une insurrection plébéienne dirigée par Philippe Doria, qui fut tué dans la bataille des rues le 23, ouvrit une courte période de guerre civile au bout de laquelle Bonaparte intervint. Le 31 mai, le gouvernement abdiquait et bientôt la République de Gênes adoptait une Constitution largement démocratique et représentative, calquée sur la Constitution française de l'an III, avec deux Conseils et un Directoire exécutif.

Les « séditieux gallophiles » arrivaient au pouvoir. La pharmacie de Morando fut achetée [1] par la République désireuse d'élever au rang de monument national l'officine où pen-

---

[1] Décret du 8 juin.

dant huit ans s'étaient réunis les amis de la liberté. Un document public comparait ce modeste laboratoire à la maison de Guillaume Tell, sacrée pour les Suisses. On y plaça une plaque commémorative, et on rendit l'immeuble à Morando à titre de récompense civique, après le lui avoir payé.

Les Serra et Sauli dédaignèrent d'être à l'honneur comme ils avaient été à la peine. Ils n'entrèrent pas au Gouvernement provisoire ; Sauli accepta seulement une mission temporaire dans la rivière du Ponant lors de la réorganisation des municipalités. Il reprit sans retard la plume pour fêter l'avènement de la démocratie et fit représenter le 20 juin, au grand théâtre Sant'-Agostino, une pièce de circonstance, *le Triomphe de la Liberté*, à-propos patriotique et mythologique où Minerve, Mars, Terpsichore, Jupiter et les Nymphes venaient célébrer à l'envi la victoire des patriotes autour de l'arbre de la liberté. Jupiter annonçait sur la rampe le retour de l'âge d'or en Ligurie, recommandant la vertu, guide et soutien de la démocratie (c'était du pur Montesquieu), et prêchait l'union de tous les bons citoyens. Le rideau tombait sur un serment civique, au cri de : « La liberté ou la mort ! »

Sauli, prenant au sérieux son rôle d'éducateur du peuple, commença, de concert avec ses amis, la publication du journal le *Difensore della libertá*. Le premier numéro porte la date du 1ᵉʳ juillet 1797, « an 1ᵉʳ de la liberté italienne », sous la direction collective de Gasparo Sauli et de Gaston Marré ; ce dernier était un jurisconsulte et un littérateur estimé, mais peu mêlé jusqu'alors aux luttes politiques : il se retira du reste au milieu de novembre. Le *Difensore* paraissait tous les quatre jours, en un format in-4°, quatre pages à deux colonnes. Les rédacteurs avaient emprunté à Tacite leur épigraphe : *Sine irâ et studio*. On peut leur rendre cette justice qu'ils ne démentirent pas une si belle devise. Oubliant la fougue des jours de combat, maintenant que la démocratie avait la responsabilité du pouvoir ils cherchèrent surtout à exercer une influence modératrice. Leurs articles, généralement dogmatiques, rappellent ceux d'Elysée Loustallot dans les *Révolutions de Paris*. Sans aucun souci de la popularité, se désintéressant le plus possible des polémiques de personnes, écrivant en un style simple et net, également opposés à la rhétorique creuse et aux vaines théories politiques ou sociales, ils se donnèrent surtout pour tâche de défendre la cause d'une sage liberté, au risque de mécontenter à la fois et les patriotes d'avant-garde qui les jugeaient trop timides, et le gouvernement qui trouvait leur appui trop réservé.

Le *Difensore della libertà*, ne s'occupait pas seulement des affaires de Gênes et de la République ligurienne. Comme tous les patriotes d'outre-monts depuis le seizième siècle, Sauli et ses amis, Jean-Baptiste Serra notamment, rêvaient l'unité de l'Italie, et c'est sur la France qu'ils comptaient pour l'accomplissement de cette œuvre, avant tout sur Bonaparte victorieux. Bonaparte en livrant, par le traité de Campo-Formio, Venise à l'Autriche, trompait ces espérances, et ajournait de plus d'un demi-siècle la réalisation du programme unitaire auquel, suivant certains érudits italiens contemporains, l'esprit de Napoléon se serait arrêté pendant sa relégation à l'île d'Elbe. Nous croyons avoir suffisamment démontré dans ce volume même l'invraisemblance de cette thèse historique. C'est sans doute la cruelle désillusion causée par la signature du traité du 17 octobre 1797 qui amena Sauli à suspendre, au bout de sept mois, le 25 janvier 1798 la publication de *Difensore della libertá*. Le patriote génois ne mourut qu'en 1841, fidèle jusqu'au bout, comme les Serra, aux nobles convictions de toute sa vie. Dix-huit ans après sa mort, son rêve commençait à se réaliser, et la France, en qui il avait mis jadis toutes ses espérances, scellait de son sang mêlé au sang piémontais, sur les champs de bataille de Magenta et de Solférino, le premier acte de l'unification italienne. Seulement, tant il est vrai que toujours l'histoire se répète, à soixante ans de distance, Napoléon III renouvelait la faute de Bonaparte, et de Villafranca il faisait un autre Campo-Formio.

LE THÉATRE RÉVOLUTIONNAIRE

DANS LA RÉPUBLIQUE CISALPINE

(1796-1800)

Ceux qui ont étudié soit sur les originaux, soit dans les ouvrages écrits de seconde main les innombrables pièces de théâtre représentées à Paris pendant la Révolution, se sont rendu compte de la place considérable que ces productions ont tenue dans notre histoire politique et dans la lutte des partis. Les pièces les plus éphémères ont eu à leur heure une action très vive sur l'opinion. Au lendemain de 1789, les tragédies de Marie-Joseph Chénier, *Charles IX*, *Fénélon*, *Caïus Gracchus*, etc., et celle de ses émules passionnèrent tous les esprits. Avec les progrès de la Révolution, on vit apparaître d'étranges élucubrations au civisme exubérant et peu raffiné, comme *le Jugement dernier des rois* de Sylvain Maréchal, et une série de pièces de circonstance, comme *le Siège de Thionville*, *le Camp de Grand-pré*, ou *la Mort de Michel Lepelletier*. Après la catastrophe de thermidor, le théâtre tomba dans la réaction, et les auteurs royalistes déguisés en modérés s'en donnèrent à cœur joie de frapper sur les jacobins vaincus. *L'Intérieur des Comités révolutionnaires* de Ducancel, et le *Concert de la rue Feydeau*, de Martainville, peuvent servir de type à ces pièces où l'esprit brille plus que le courage.

Pendant une période de quelques années, toutes les questions politiques et sociales avaient été discutées au feu de la rampe, sur les théâtres parisiens. Tous les partis successivement usèrent de cet incomparable moyen de propagande, qui en temps de liberté illimitée permet au premier gratte-papier venu, de s'ériger *motu proprio* en Aristophane et de traîner ses adversaires sur la claie du ridicule. On avait préparé le 10 août et le 21 janvier avec les tragédies de Chénier, et la constitution civile du clergé avec des drames comme *les Victimes cloîtrées*, avec des vaudevilles comme *les Visitandines*. Lorsque la force d'expansion de la Révolution porta au delà des frontières nos idées avec nos armes, les peuples délivrés par nous s'inspirèrent de nos idées philosophiques pour défendre leur liberté naissante, et firent appel aux deux grands instruments de propagande, le journal et la scène. On put à un moment voir ce spectacle singulier : le jacobinisme chassé du théâtre à Paris après thermidor, y apparaissant en vainqueur dans les pays voisins, apporté et protégé par les armées républicaines.

Un érudit italien, M. Paglicci-Brozzi, sous-archiviste d'État à Milan, vient de publier un intéressant volume où il traite justement la question du théâtre politique en Italie de 1798 à 1805[1]. En réalité, M. Brozzi s'occupe presque uniquement de la république cisalpine, ce qui s'explique, les archives de Milan étant le centre de ses recherches. Nous allons jeter avec lui un coup d'œil sur ce sujet, aussi peu connu en deçà qu'au delà des Alpes.

I

Le théâtre a toujours été un des besoins primordiaux de la société italienne. En cela nos voisins sont bien les descendants de ces Romains qui mettaient les spectacles publics à côté du pain quotidien au premier rang des nécessités de la vie. L'Italie s'est toujours livrée à une consommation énorme de pièces de tout genre, empruntées à tous les pays, mais pour plus des dix-neuf vingtièmes à la France. Nos auteurs contemporains en savent quelque chose : à défaut de droits, ils ont trouvé au delà des Alpes toute la popularité compatible avec le misogallisme. Augier, Dumas, Sardou, Dennery, Gondinet, Labiche, Meilhac, pour n'en citer que quelques-uns, sont sur toutes les affiches.

[1] Milan, Pirola édit., 1887.

On a même porté à la scène, à Rome et ailleurs, l'*Abbesse de Jouarre* de Renan. Il en était de même à la fin du siècle dernier. Après 1789, nos pièces nouvelles à portée politique ou philosophique ne tardèrent pas à passer la frontière. Des écrivains politiques les traduisirent au hasard, en bloc, ou s'en inspirèrent comme de modèles. Camillo Frederici avait déjà publié un grand nombre de pièces dirigées contre les privilèges de la noblesse, dans le goût du jour. Mais dans le nord de l'Italie la plupart des théâtres cherchaient leur voie entre les comédies de Goldoni un peu passées de mode, et la *Commedia dell'arte*, manifestation traditionnelle du génie comique italien, la plupart du temps canevas sur lequel des « masques » classiques, Arlequin, Pantalon ou Brighella, brodaient des hardies improvisations sur les choses et les hommes du jour. Avec ses travestissements, ses procédés brutaux rappelant un peu les parades américaines, la *commedia dell'arte* s'inspirait plutôt de la caricature grossière que de la haute satire. Pour la tragédie, les chefs-d'œuvre du comte Victor Alfieri régnaient sans partage. Il est assez étrange de voir les pièces régicides et farouches de l'aristocrate hautain, de l'auteur du *Misogallo*, de l'ennemi irréconciliable de la France, préparer la voie aux tragédies jacobines et les suppléer au besoin. On les joua souvent comme pièces de circonstance dans les cérémonies révolutionnaires.

Lorsque par ses victoires du printemps de

1796 Bonaparte eut chassé les Autrichiens de Lombardie, le parti patriote chercha à faire du théâtre délivré de ses entraves un moyen de propagande et d'éducation civiques. Le gouvernement nouveau encouragea sans hésiter ce mouvement. Vers la fin de mai, sous le patronage de la Société patriotique, le théâtre de l'ancien collège des nobles de Milan donnait la *Virginie* d'Alfieri. Et un homme dont le nom reviendra souvent sous notre plume Francesco Salfi, un Napolitain passionné pour la liberté et pour les lettres, traducteur assermenté de Chénier, auteur dramatique pour son propre compte d'ailleurs, fondateur du *Thermomètre politique de la Lombardie*, publiait dans ce journal un projet de théâtre national, basé sur la traduction des plus récentes pièces patriotiques françaises. Il préparait la formation d'académies mixtes d'amateurs et d'acteurs de profession : en un mot, l'éducation civique par le théâtre.

Ce mouvement politico-littéraire se propageait parallèlement aux progrès des armées françaises. A leur entrée à Bergame, en janvier 1797, on allait donner le *Fénelon* de Chénier, traduit par Salfi, quand le feu prit au théâtre. Le comte Ottolini, chef de l'ancienne police, fut convaincu d'avoir soudoyé les incendiaires. A Brescia, même après l'arrivée des Français, on jouait encore des pièces réactionnaires. *La Frusta (le Fouet)*, journal démocrate demandait avec insistance qu'on donnât la traduction des

Victimes Cloîtrées, de *Charles IX*, et les tragédies d'Alfieri. La compagnie Goldoni, obéissant aux suggestions de l'aristocratie vénitienne, répondit en jouant le *Casino du Doge*, où les libéraux étaient traités de coupe-jarrets. La compagnie Broccoletti la remplaça. Salfi écrivit pour elle la tragédie *Virginie de Brescia*, en s'inspirant d'une vieille légende locale du viiie siècle, d'après laquelle un patriote tuait sa fille séduite par le tyran et rendait la liberté à Brescia. Mais la pièce n'obtint pas tout d'abord le succès espéré. Broccoletti dut reprendre l'ancien répertoire de « masques » ou pièces à sujets, à la grande joie des soldats français qui comprenant médiocrement l'italien préféraient aux tragédies les pantomimes même réactionnaires, et les *commedie dell'arte*, mal vues par le gouvernement provisoire. Un curieux conflit éclata à ce sujet entre les autorités civiles et militaires. Le gouvernement chassa Broccoletti le rendant responsable des libertés de langage de son arlequin ; le général Rey pour protester contre cette mesure l'attacha à son état-major en qualité de secrétaire italien. Alors le gouvernement provisoire, voulant avoir le dernier mot, ferma toutes les salles de spectacle de Brescia et, le 23 octobre 1797, décréta une réforme générale du théâtre, le transformant en école d'instruction, supprimant les pantomimes, les farces à sujets, et décidant que trois inspecteurs nommés par l'administration appliqueraient les réformes. Ils avaient mandat de créer un répertoire soit original, soit traduit du français, et destiné à inspirer le goût des vertus républicaines. C'était en réalité le triomphe des idées exposées par Salfi dans le *Thermomètre politique de Lombardie*.

II

Au moment où Bonaparte allait entreprendre contre le pape la campagne qui devait se terminer par la paix de Tolentino (19 février 97), Pie VI avait demandé une armée à l'Autriche. L'empereur lui envoya pour tout secours le général Colli, que Bonaparte avait déjà si bien battu en 1796. Le général en chef de l'armée d'Italie, voulant préparer les esprits à l'idée de l'abaissement du Saint-Siège, chargea le général Dupuy, commandant la place de Milan, de s'entendre avec Salfi et avec le chorégraphe français Lefèvre pour composer un grand ballet pantomime, *le Général Colli à Rome*, ou *le Ballet du pape*. Ce ballet ne put être prêt avant la paix de Tolentino ; il fut représenté à la Scala six jours plus tard, le 25 février 97. La salle était splendide ; les loges regorgeaient de femmes élégantes, vêtues à la grecque, décolletées à outrance, coiffées du bonnet phrygien avec la cocarde tricolore. Quelques-unes avaient revêtu des uniformes de hussard ou de grenadier français, qui faisaient ressortir à la fois leur taille fine et leur corsage opulent. La première représentation obtint un succès énorme : il faut dire un mot de ce ballet, dont certains passages rappellent *le Jugement dernier des rois*, de Sylvain Maréchal. Les personnages principaux étaient Pie VI, sa nièce la princesse Braschi, le général Colli, la princesse Santa-Croce, le général des dominicains, adversaire du pouvoir temporel, pacifique, le type du prélat patriote. Au lever du rideau, le pape représenté par le danseur Lefèvre, communiquait à la congrégation les articles du traité de paix proposé par la République française. Sa nièce, la princesse Braschi, soutenait la guerre contre la princesse Santa-Croce, partisan de la paix avec la France. Au fond, simple rivalité de sérail. Au second acte, arrive le général Colli : le pape, porté sur la *sedia gestatoria*, le reçoit sur la place Saint-Pierre. La Braschi cherche à séduire Colli. On voit ensuite la revue des troupes pontificales. Un courrier, comme dans *la Tosca*, trouble la fête en apportant la nouvelle de la reddition de Mantoue et des victoires de la France. Le pape se décide à traiter, jette la tiare, se coiffe d'un bonnet phrygien et reconnaît la République française.

Cette pièce, que nous n'hésiterons pas à trouver risquée, provoqua naturellement beaucoup de bruit, sans compter les protestations de l'archevêque de Milan, Visconti. Le premier moment de curiosité passé, elle obtint d'ailleurs peu de succès. On n'allait à la Scala que pour manifester, et le général Dupuy, pour sauvegarder la tranquillité publique, dut interdire les représentations du ballet auquel il avait pour ainsi dire collaboré. Le plus malheureux dans cette affaire fut le chorégraphe Lefèvre, qui se vit ruiné par le retrait de son chef-d'œuvre. Il s'adressa d'abord au Directoire exécutif de la république cisalpine, ensuite au général Bonaparte, pour réclamer une indemnité pécuniaire ou un emploi qui lui permît de vivre, le ballet « qu'il a été obligé de composer d'après les ordres du général en chef Bonaparte » lui ayant fait perdre son gagne-pain, les leçons de danse qu'il donnait à la société aristocratique de Milan. Toutes ses réclamations restèrent sans résultat. Décidément, le rôle de Pie V n'avait pas porté bonheur à Lefèvre. Les cléricaux purent voir dans ses mésaventures l'action directe du doigt de Dieu.

III

La lutte continuait entre les deux genres différents; les libéraux combattaient avec acharnement au nom du théâtre d'éducation civique la *Commedia dell'arte* et les improvisations virulentes d'Arlequin sur les réquisitions et les impôts créés par le régime nouveau. A Mantoue, Bianchi, directeur d'une compagnie dramatique réactionnaire, était dénoncé par le *Journal des amis de la liberté* (novembre 1798) pour le caractère à la fois royaliste et obscène de ses représentations : on appelait sur lui les rigueurs de la police. A Monza, s'élevaient des protestations analogues. Salfi, un peu las, voyant, semble-t-il, sa réputation décliner, cessait d'écrire, aspirant à un emploi dans les bureaux d'un ministère. C'est alors que Jean Pindemonte, l'auteur des *Bacchanales de Rome*, donna à Milan, sur le théâtre de la Société patriotique, une composition « tragi-comique-ridicule », dont le titre s'est perdu, où l'on voyait des prêtres et des nonnes en costume, parodier les cérémonies du culte. Le public accourait en foule à ces exhibitions : mais il faut dire, pour expliquer dans une certaine mesure cet empressement, que les représentations étaient gratuites.

Les victoires des Français avaient émancipé les Juifs, si durement traités jusque-là en Italie. Mais les haines antisémites ne désarmaient pas pour cela. A Mantoue, à Modène, à Vérone, à Ravenne, les Israélites furent insultés et menacés. Pour tourner en ridicule les pratiques extérieures de leur religion, on écrivit contre eux une pièce diffamatoire, *le Mariage juif* ou *la Synagogue*, dont la Société patriotique ne voulut pas autoriser la représentation à Milan. A Ferrare, en février 1798, la compagnie Colleoni, après avoir épuisé son répertoire patriote, songea à jouer *le Mariage juif*, à titre de curiosité. C'était la revanche des catholiques chansonnés dans le *Ballet du Pape*, et plus d'un patriote aimant peu les Juifs (l'homme n'est pas parfait). eût pris son parti gaiement de cette mascarade, La municipalité ferraraise imposa des coupures, supprima certains accessoires religieux, et voulut même ajourner la reprise. Mais les cléricaux, aidés des tapageurs sans parti pris, forcèrent la main aux autorités, et la toile se leva enfin sur *le Mariage*. Pas pour longtemps, car on dut la baisser au milieu, la police étant intervenue pour couper court au tumulte. A Bologne et à Modène, la même compagnie Colleoni joua encore *le Mariage juif*, non sans soulever aussi de bruyantes protestations.

A Modène, l'esprit jacobin, comme on disait alors pour libéral et français, s'était propagé dès le début de la Révolution. En décembre 1795, un soir que le grand-duc Hercule III écoutait paisiblement dans sa loge la *Cléopâtre*, opéra de Nasolini, un mauvais plaisant, au milieu du profond silence, fit entendre un éclatant chant de coq, allusion transparente à l'approche des Français[1]. Il demeura insaisissable. Quelques mois plus tard, après les victoires de Bonaparte, au théâtre Rangone, on applaudissait le *Fénelon*, de M. J. Chénier, traduit par Salfi, l'*Alexandre VI* du Modenais Guidotti, et deux autres pièces de circonstance écrites par un autre Modenais,

---

[1] *Galli* veut dire à la fois coqs et français.

J.-B. Nasi, *l'Aristocratie vaincue par la persuasion*, et *le Républicain se connait à ses actes*. Dans cette dernière production, le citoyen Melchior expliquait longuement à sa fille un tableau allégorique, où la Liberté entourée de la garde nationale foulait aux pieds le vice et le despotisme. Il paraît que le parterre goûtait fort cette démonstration.

IV

C'est avec enthousiasme que Bologne célébra sa réunion à la République cisalpine par le traité de Tolentino. Les dames bolonaises fêtèrent cet évènement par un banquet sur la grande place, servi par la milice citoyenne en uniforme. Le théâtre contribua pour sa part à ces réjouissances publiques. Pourtant on siffla la *Virginia Bresciana* de Salfi, à cause il est vrai de la faiblesse de l'interprétation. Mais une pièce très curieuse vint jeter un éclat particulier sur le théâtre bolonais à cette époque de renaissance politique. Nous voulons parler de la comédie en trois actes, écrite par Louis Giorgi sous ce titre *Le temps des Légats et des Pistrucci*, ou plus simplement la *Pistruccianéide*. C'est une satire historique contemporaine, dont tous les spectateurs avaient connu et coudoyé les personnages réels, l'auditeur Pistrucci, le cardinal Vincenti, dernier légat, l'archevêque Gianetti, le gonfalonnier, les sénateurs, etc., etc. Une série de scènes singulièrement réalistes étale le honteux marché qui se faisait de la justice sous le gouvernement des papes, la férocité et la corruption des prêtres, l'imbécillité et l'avilissement des sénateurs. On assiste aux intrigues malpropres de Pistrucci, et on voit le légat lire et signer en scène la lettre officielle dans laquelle il annonçait au cardinal secrétaire d'Etat la pendaison du patriote Rolandis, ordonnée par lui. Or, cette pendaison était une histoire vraie, vieille de trois ans. Ne dirait-on pas une scène de Shakespeare ? Toute la pièce de Giorgi est composée avec une vérité, une puissance d'observation cruelles. Au dénouement, les victimes de la tyrannie pontificale font appel aux Français qui descendent des Alpes pour venger l'humanité offensée ; le génie de la Vérité, apparaissant dans un nuage, chasse le légat et ses complices. C'est le rôle que jouèrent dans la réalité les grenadiers d'Augereau.

A côté du chef-d'œuvre de Giorgi, le théâtre de Bologne donna en 1797 la première représentation de la *Révolution*, restée célèbre dans un autre genre. L'intrigue de l'auteur anonyme est assez banale. La fille d'un prince aime un ex-noble devenu républicain. Celui-ci organise une révolution sur les terres du prince, qui est renversé, pris et conduit au pied de l'arbre de la Liberté pour y être fusillé sans autre forme de procès. Naturellement, le patriote sauve l'extyran, qui lui donne sa fille en mariage, et tout le monde chante en chœur un couplet final dont voici le dernier vers.

Vive Bonaparte ! Vive la liberté !

Tous les théâtres de la Cisalpine se disputèrent l'honneur de représenter cette berquinade chère aux âmes naïves.

Avec Ranza, nous revenons au genre de Sylvain Maréchal. J.-A. Ranza, né à Verceil en 1741, soldat, journaliste et conspirateur, n'était plus un jeune homme quand il confia au célèbre acteur comique Bianchi, deux pièces anti-religieuses au premier chef, *le Mariage du moine*, et *le Conclave de* 1774. Elles furent jouées avec succès à Milan sur la scène de la Canobbiana. Il y a peu de chose à dire de la première de ces comédies, mais la seconde vaut qu'on s'y arrête. Son titre : « *le Conclave de* 1774, drame révolutionnaire à représenter pour l'instruction des chrétiens dans tous les théâtres de l'Italie régénérée » est assez caractéristique. *Le Conclave* est écrit en petits vers imités de Metastase, comme un livret d'opéra. La scène se passe dans les salles du Vatican. On voit les cardinaux occupés à manger et à boire, le repas dégénère en orgie. Le cardinal de Bernis et le cardinal Fantuzzi (probablement Braschi, le futur Pie VI) se disputent la tiare. Les cardinaux des deux partis rivaux en viennent aux mains, et se jettent la vaisselle à la tête. Cette petite fête de famille se termine par la défaite de Bernis, et par un chœur de valets qui se partagent les reliefs du festin. Tout cela n'est pas fort convenable, mais ce n'est pas non plus très méchant.

V

Jamais en Italie le théâtre n'avait joui d'une pareille faveur. Même dans les plus petites villes, des sociétés philodramatiques et patriotiques s'étaient constituées ; ces compagnies d'amateurs rendaient la concurrence impossible aux compagnies régulières, et les tuaient non sans un inconvénient sérieux pour l'art. La nécessité d'une réforme du théâtre s'imposait à tous les esprits. Le réformateur patenté Salfi gardait, il est vrai, le silence ; il avait enfin obtenu le poste si longtemps convoité de secrétaire de l'Instruction publique. Mais à Milan même, Ranza, l'auteur du *Conclave de* 1774 proposait dans son journal *l'Ami du Peuple*, un système radical, la gratuité presque absolue des spectacles. A Rome, Joseph Lattanzi préparait un projet complet, portant suppression de l'opéra-bouffe, des *masques* Arlequin, Pantalon, Brighella, etc. et des castrats. Les auteurs patriotes devaient être encouragés par des distributions de médailles et de pensions. En face de ces réformateurs, les réactionnaires sachant bien ce qu'ils faisaient combattaient la théorie de l'instruction civique et morale par le théâtre. Albergati Capacelli, auteur dramatique, ami de Goldoni, dans son livre *Della Dramatica* soutenait qu'on ne devait chercher au spectacle que l'amusement. « Celui qui va au théâtre, disait-il, n'y va pas pour être instruit ou amélioré, mais pour se divertir pendant quelques heures ». Le gouvernement avait mis les plans de réforme au concours, et nommé une commission. Celle-ci présenta son rapport à la date du 1er juillet 1798. Ce projet était assez étendu. En voici les disposition principales : une saison de trois mois par an seulement est consacrée à l'opéra, avec interdiction de l'usage des castrats. Pour le reste du temps, on jouera des tragédies destinées à inspirer la haine des tyrans, et des comédies à démasquer l'orgueil des aristocrates, l'hypocrisie des prêtres. Dans chaque chef-lieu de département, il y aura des compagnies nationales de comédiens, administrées directement au compte de l'Etat, et donnant au moins une représentation gratuite par décade.

Ce projet n'eut pas le temps d'être exécuté. La victoire de Souvaroff vint mettre fin à la république cisalpine. Pendant les treize mois qui s'écoulèrent entre cet événement et la bataille de Marengo, le théâtre fut négligé. Les réactionnaires eux-mêmes trouvant lourde la main des Cosaques, n'avaient pas le courage de chanter victoire. Les *Jacobins au désespoir*, comédie de caractère, venue de Sienne ou d'Arezzo, fut jouée sans succès devant un public indifférent.

Enfin, la journée de Marengo rendit momentanément la parole au théâtre civique dont le sort semblait lié à celui de la liberté en Italie. Mais bientôt on sentit l'action du gouvernement se modifier, à mesure que s'accentuaient les velléités autoritaires du premier consul. A divers symptômes on vit que la tragédie devait désormais respecter les tyrans, et la comédie ne pas fustiger les ridicules des gens en place. Quant à l'instruction civique, il ne fallait plus y trop penser.

VI

En résumé, de 1796 à 1799, le théâtre fut dans la haute Italie un instrument de propagande et de vulgarisation politique ou civique plutôt qu'une manifestation d'art pur. D'ailleurs, à l'exception du répertoire d'Alfieri, si étrangement détourné de sa destination primitive, et de quelques rares pièces ayant un caractère original, comme la *Pistruccianéide*, de Giorgi, il vécut surtout de traductions et d'adaptations du français. Il faut y chercher moins un idéal artistique, une poétique nouvelle, que la manifestation des passions d'un peuple naissant à la liberté. Un érudit italien, M. Ernest Masi, avait déjà consacré au « théâtre jacobin », dans son livre *Parruche e Sanculotti nel secolo XVIII*[1] une

---

[1] A Milan, Trèves, éditeurs, 1886. On lira aussi avec in-

remarquable étude qui semble avoir servi de point de départ au livre de M. Paglicci-Brozzi. Ce dernier ouvrage, un peu confus peut être, abonde en documents curieux. Mais l'auteur est assez gravement atteint de l'épidémie régnante en Italie, la gallophobie ; dans la dédicace de son livre au prince de Naples, héritier présomptif de la maison de Savoie, il déclare que de tous les étrangers qui foulèrent en maîtres le sol italien, les Français furent les pires. Cette appréciation sur le compte des vainqueurs de Lodi, de Marengo, de Magenta et de Solférino, peut paraître étrange au premier abord, mais il ne faut pas oublier qu'aujourd'hui le souvenir de Novare est oublié, et que la triple alliance a passé l'éponge sur les exploits de Haynau et de Radetzki. Nous ne nous étonnerons donc pas de la façon dont M. Paglicci Brozzi parle des républicains « mal vêtus et mal disciplinés, assassins de Louis XVI », qui vinrent arracher la Lombardie au joug des Autrichiens. Sans doute il serait puéril de le nier, les libérateurs furent quelquefois encombrants ; mais l'honorable archiviste de Milan est le premier à reconnaître, et sur ce point on peut le croire sur parole, que les Austro-Russes de Souvaroff en 1799 nous firent regretter même de nos adversaires politiques.

Ici se pose une question assez piquante.

térêt sur cette même période deux volumes anecdotiques de M. Jean de Castro, *Milano e la Repubblica Cisalpina*, et *Milano durante la dominazione napoleonica*. — Milan, Dumolard, édit. 1870-1880.

M. Paglicci Brozzi, sa dédicace au prince de Naples en témoigne, est un partisan enthousiaste de l'unité italienne. Comment se fait-il que son livre ne soit qu'un long réquisitoire contre tous ceux qui, sans distinction de nationalité, ont versé leur sang pour cette unité, il y a près d'un siècle, et l'ont rendue possible dans l'avenir ? Il nous semble que les Jacobins de la République cisalpine, « pires des Jacobins français parce qu'ils n'avaient pas leur courage » (p. 145) auraient quelque droit au respect de ceux qui ont bénéficié de cette unité, préparée à Milan en 1796, à Naples en 1798 comme en 1859 dans les plaines de la Lombardie. Cette unité ne s'est-elle pas faite au nom de la Révolution ? N'y avait-il pas des « jacobins » parmi les patriotes lombards qui, en 1814, pendant la relégation de Napoléon à l'île d'Elbe, allaient lui offrir la couronne de l'Italie unie et libre ? Pour ne parler que des Italiens, ceux qui organisèrent avec nous les éphémères républiques cisalpine, romaine, ligure, parthénopéenne, ceux qui chassèrent à nos côtés les Autrichiens de Milan et les Bourbons de Naples ne creusaient-ils pas les fondements de l'édifice achevé depuis par Cavour, Garibaldi et Victor Emmanuel ? Il nous paraît donc que les ironies et les dédains de M. Paglicci Brozzi se trompent d'adresse quand il en accable si lourdement les Jacobins de la Cisalpine, c'est-à-dire les adversaires de l'ennemi héréditaire *tedesco*, les défenseurs passionnés, les précurseurs de la nationalité italienne.

Nous ne voulons pas chercher une querelle d'allemand à M. Paglicci Brozzi au sujet de la note où, reproduisant un couplet fort innocent de l'opéra la *Rosière républicaine*, représenté à Paris en 1794, il le donne en français « pour ne pas trop souiller la langue italienne ». Mais il nous permettra d'appeler son attention sur une page de sa préface, consacrée à l'esprit de la Révolution française, où après avoir confondu le club des Jacobins et celui des Cordeliers, il montre Robespierre et Danton envoyés à l'échafaud par le 18 brumaire. Nous voulons espérer que ses informations sur l'histoire de la république cisalpine sont plus sûres.

PAUL-LOUIS COURIER ET MATHIEU DE LESSEPS

A LIVOURNE EN 1808

— D'après des documents inédits. —

Si l'on consulte au ministère de la guerre les états de services de Paul-Louis Courier, on voit qu'il remplit, au moins sur le papier, du 11 octobre 1804 au 5 mars 1808, les fonctions de chef d'état-major d'artillerie à l'armée de Naples. Les lettres où il s'exprime avec une verve si amère sur le compte des généraux empanachés jouant au souverain, sur les horreurs d'une guerre de partisans sans pitié et sans gloire, nous font voir ses désillusions, son dégoût, ses souffrances. Elles nous font aussi apprécier sa remarquable culture intellectuelle, sa connaissance profonde de l'antiquité et son goût pour la nature, vue peut-être à travers des souvenirs classiques, mais dépeinte en des pages d'un coloris merveilleux que nul n'a égalées. Nous savons, par les trop rares correspondances qui ont été conservées, comment ce soldat à la misan-

thropie raffinée, pour qui la guerre ne fut que
« l'art de massacrer, » l'histoire qu'« un enchaînement de sottises et d'atrocités, » impatient de
toute discipline, brouillé avec la plupart de ses
chefs, notamment avec son supérieur hiérarchique le général Dedon, demanda inutilement
la faveur de prendre part à la grande guerre et
d'aller servir à l'armée d'Allemagne. En désespoir de cause, après avoir, dans une lettre rendue publique, traité le général Dedon en des
termes d'une liberté sanglante, Courier prit le
parti de quitter son poste de Naples en novembre 1807. Il alla tranquillement à Rome, de là à
Florence, voir ses amis, traduire Hérodote ou
Xénophon, et arriva enfin, dans les derniers
jours de janvier 1808, à Vérone, où était le dépôt de son régiment, le 4ᵉ d'artillerie à cheval.
On l'y attendait depuis plusieurs mois, et il y
trouva une dépêche de Clarke, ministre de la
guerre, qui, sur la dénonciation du général Dedon, le mettait aux arrêts avec retenue d'une
partie de ses appointements. Au bout de peu de
jours cependant il était dirigé sur Livourne en
qualité de sous-chef d'état-major ou de sous-directeur de l'artillerie, par arrêté du 5 mars. Le
ministre lui accordait même, sur la proposition
du général Darancey, une indemnité dérisoire
de cinquante francs[1].

C'était une double disgrâce. L'état-major général, dont il avait si cruellement raillé les ri-

---

[1] Archives du ministère de la guerre, 23 avril 1808.

dicules, l'envoyait en sous-ordre dans le plus obscur des postes secondaires. Courier vint prendre son service en mars 1808 [1].

I

A cette époque, Livourne n'était pas le grand port de commerce qu'il est devenu. La population, décimée en 1804 par la fièvre jaune importée du Mexique sur un bâtiment espagnol, ne comptait qu'une trentaine de mille âmes. Malgré les belles rues et les vastes places construites par les princes de la maison de Lorraine, Livourne devait être alors un triste séjour, surtout pour un amateur de beaux-arts et d'antiquités. Le sous-directeur de l'artillerie n'avait pas même la ressource de s'occuper de son métier pour se distraire. Il remplissait une sorte de sinécure, et dans la forteresse en briques rouges, au milieu des canaux de la *Venezia*, quartier triste et malsain, les journées devaient lui paraître longues.

[1] L'édition Didot des œuvres de Paul-Louis Courier, donne dans « Lettre à M. Renouard », un billet de Courier adressé à M. Chahan, membre de la Junte florentine, billet relatif aux manuscrits de la bibliothèque Saint-Laurent, et daté de Livourne le 30 septembre 1807. Mais nous croyons à une erreur typographique ; 1807 a été mis pour 1808, car Courier ne vint pas à Livourne avant mars 1808.

La Toscane, transformée d'abord en royaume d'Étrurie (1801), venait d'être, à la fin de 1807, réunie à l'Empire français pour former les trois départements de l'Arno, de l'Ombrone et de la Méditerranée. A partir du 1er mars 1808, les lois et règlements militaires français y furent mis en vigueur, et un arrêté du conseiller d'État Dauchy, administrateur général de la Toscane, en date du 28 février, portait dans son article 3 la disposition suivante :

« Tout garde-magasin ou individu quelconque qui aurait en dépôt des armes, munitions de guerre et effets d'artillerie appartenant à l'ex-gouvernement toscan sera tenu d'en faire la déclaration sous le plus bref délai au commandant d'artillerie le plus voisin du département. La remise en sera faite dans le magasin ou dépôt qui seront indiqués par le commandant d'artillerie ou l'officier qui le représente. »

En même temps qu'un paquet d'affiches contenant en français et en italien l'arrêté de l'administrateur général Dauchy, le général Darancey, commandant en chef de l'artillerie de la Toscane, adressait au consul général de France à Livourne, à la date du 19 mars 1808, une lettre dans laquelle il le priait, par ordre de Clarke, ministre de la guerre, de « faire remettre tout ce qui pouvait appartenir à l'artillerie ou être de son ressort entre les mains des gardes d'artillerie, et sur la police particulière de M. le chef d'escadron Courier, sous-directeur d'artillerie..., pour qu'il ait à les comprendre dans l'inventaire qu'il doit dresser. »

C'est à recevoir et à inventorier du matériel à peu près hors d'usage que Courier, éloigné de tous ses amis, se voyait condamné. Il devait aussi fournir de la poudre aux vaisseaux français que les croiseurs anglais serraient de près dans l'archipel toscan et le golfe de Gênes. Les poudrières étaient presque vides, et Courier ne pouvait satisfaire à toutes les demandes, ainsi que l'établit la dépêche inédite suivante adressée au consul de France :

« Livourne, 16 mai 1808.

« Monsieur,

« J'ai l'honneur de vous prévenir que je viens de recevoir les ordres du général Darancey pour faire délivrer au bâtiment garde-côte *les Deux Amis* non la totalité, mais moitié de l'approvisionnement qu'il demandait. Je vous prie de vouloir bien transmettre cet avis au capitaine.

« J'ai l'honneur, etc.

« Courier. »

On devine si ce métier de garde d'artillerie devait plaire au traducteur de Xénophon. Aussi, dès la fin de juillet, demandait-il au général d'Anthouard, aide de camp du prince Eugène, vice-roi d'Italie, un congé pour aller en France s'occuper de ses affaires privées et surveiller ses intérêts compromis par une longue absence, se plaignant de ce qu'on l'immobilisait à Livourne « à compter de vieux boulets rouillés [1]. » Il n'obtint pas de réponse. Les mauvaises notes de son dossier réduisaient ses amis à l'impuissance. Le malheureux sous-directeur *in partibus* de l'artillerie se résigna à vivre jusqu'à nouvel ordre en tête-à-tête avec les esclaves de bronze de la *Piazza del cantiere* et à publier sa traduction du traité de Xénophon sur la cavalerie (Lettre du 3 septembre 1808 à M. de Sainte-Croix), écrivant pour se distraire à ses connaissances de Rome, à Mme Marianna Dionigi, à M. d'Agincourt, s'intéressant à leur santé, prenant part à leurs deuils de famille, réclamant avec instance des nouvelles du monde des vivants [2].

Il put s'évader pendant la seconde moitié du mois de septembre et aller à Florence revoir ses chers manuscrits de la bibliothèque Laurentine. Comprenant l'impossibilité d'arracher à la mauvaise volonté de ses chefs un congé pour la France, il en sollicita un pour Rome. En attendant, il examinait avec sa rare compétence

---

[1] Lettre du 28 juillet 1808.
[2] M. Eugène Müntz, conservateur de l'école des beaux-arts, a eu la bonne fortune de trouver à la bibliothèque du Vatican deux lettres inédites, de cette époque, adressées par Courier à Msgr Gaetano Marini, préfet de la bibliothèque du Vatican. Il les a publiées récemment dans la *Revue critique*.

l'édition grecque d'Isocrate publiée par Coray, travail qu'il a un peu vertement critiqué dans sa lettre à M. Akerblad du 2 novembre 1808. Celui-ci, en lui répondant (16 novembre), le félicitait de ce que ni ses occupations militaires (!), ni les alertes fréquentes données par les Anglais, ni les tremblements de terre, ne le détournaient de ses études littéraires « même dans la ville la plus indocte de l'Italie, où l'on n'entend parler que de lettres de change. » Cette épigramme montre la vieille antipathie des Florentins pour les Livournais. En réalité, le sous-directeur de l'artillerie, fidèle à son humeur vagabonde et toujours aussi peu soucieux de la discipline, faisait d'assez fréquentes absences dès qu'il était sûr de ne pas avoir à redouter la visite d'un de ces malencontreux généraux-inspecteurs dont il parle avec un dédain si peu hiérarchique dans sa lettre du 3 septembre 1808 à Mme Marianna Dionigi. Le séjour du port des Médicis n'était certes pas récréatif à cette époque. Les croiseurs anglais portaient la désolation sur tout le littoral, coupant les communications par mer ; ils venaient jusque dans la rade de San-Stéfano et s'emparaient de barques françaises sous les canons de Civita-Vecchia. Courier, avec ses goûts et ses habitudes, ne pouvait guère se plaire à Livourne, dont la société commerçante, ruinée par le blocus continental, restait complètement dévouée aux Anglais, avec qui se faisaient presque toutes les transactions, et par conséquent très hostile à l'armée française, qui avait occupé la ville à cinq reprises différentes depuis 1796. D'ailleurs des mesures de rigueur impitoyables (comme celles que justement Courier flétrit dans une lettre de Naples de juillet 1807) n'étaient pas faites pour rendre les Livournais favorables au corps d'occupation. Le sous-directeur de l'artillerie vivait dans un isolement forcé : aussi son séjour à Livourne n'a-t-il laissé aucune trace dans le souvenir des familles italiennes. Tout au plus fréquentait-il quelques hommes de science, fort peu nombreux comme ce chanoine Fortini, dont il parlait plus tard avec tant de chaleur et d'émotion dans sa lettre célèbre sur le célibat des prêtres[1].

Il voyait surtout le Consul de France. Le maintien d'un fonctionnaire de cet ordre semble au premier abord assez étrange en Toscane après la réunion de cette province à l'Empire français. Le poste avait été conservé provisoirement néanmoins, et le commissaire consul général représentait plus spécialement à Livourne le ministère de la marine française[2], ayant en outre dans ses attributions le service sanitaire. Ces fonctions furent bien déléguées en partie au sous-commissaire de marine Pouyer,

---

[1] *Réponse aux Anonymes*, du 6 février 1823.
[2] « Comme vous m'avez fait l'honneur de me dire que vous représentiez le corps de la marine française à Livourne, s'il pouvait y avoir des objets appartenant à cette arme, je vous prie d'en faire la défalcation... » Lettre inédite du général Darancey au consul général de Lesseps, 18 mars 1808.

nommé directeur du port de Livourne par arrêté du 30 mars 1808 ; mais le service ne lui fut en réalité remis que le 26 septembre, et d'ailleurs le consul général conserva la haute direction en tant que « commissaire général des relations commerciales. » Sans doute la situation personnelle du titulaire avait milité en faveur de son maintien, en dépit du changement de régime. Nous dirons un mot de lui, car le nom qu'il portait est devenu depuis célèbre dans le monde entier. C'était Mathieu de Lesseps, père du grand ingénieur de Suez et de Panama.

II

Mathieu de Lesseps, qui a fait une carrière honorable dans la diplomatie consulaire — ainsi, du reste, que son fils Ferdinand, son frère Barthélemy et ses neveux Pascal et Jean Baptiste, — avait épousé à Malaga, au commencement du siècle, Mlle de Grivegnée, dont la sœur aînée, mariée à M. de Kirpatrick, fut la grand'mère de Mlle Eugénie de Montijo, femme de Napoléon III. Mathieu de Lesseps vint à Livourne en 1807, en qualité de consul général de l'empereur et roi en Étrurie. La situation était difficile ; mais par ses talents et son caractère il acquit bientôt un crédit considérable. Les généraux français, l'administrateur général de la Toscane Dauchy, les membres du corps diplomatique, en particulier Tassoni, chargé d'affaires d'Italie à Florence, avaient avec lui les relations les plus cordiales. Il entretenait d'excellents rapports avec la cour de Milan, où le prince Eugène mettait son obligeance à contribution pour avoir en contrebande du tabac français, tandis que Lucien Bonaparte le chargeait, par l'intermédiaire du jeune Boyer, frère de sa première femme, la fille de l'aubergiste de Saint-Maximin-Marathon, de fournir sa cave en vins d'Espagne et de Bourgogne.

Une lettre (inédite) du général Meunier, commandant du département de la Méditerranée (dont Livourne était le chef-lieu), fait trop d'honneur à Mathieu de Lesseps pour que nous ne la citions pas.

« J'ai reçu, lui écrivait Meunier, le 7 septembre 1808, la lettre que vous m'avez fait l'honneur de m'écrire pour me faire part que vous n'avez plus de caisse contenant des fonds du gouvernement[1], et que par conséquent vous ne devez plus avoir de sentinelle à la porte de votre maison. Tout le temps que nous aurons le plaisir de vous voir ici exercer les fonctions de commissaire et consul général de France, vous devez avoir une sentinelle devant votre porte. Permettez, je vous prie, qu'elle continue d'y

---

[1] Conséquence de la prise du service du port par le sous-commissaire de marine Pouyer.

être placée. Cet honneur est dû à la considération dont vos fonctions doivent être investies, et que vous obtenez personnellement, malgré votre modestie, de tous ceux qui ont l'honneur de vous connaître ou qui ont des relations avec vous. Je suis avec la plus haute considération et l'estime la plus parfaite…, » etc.

Voici encore, à titre de curiosité, une lettre du général Charles du Moulin, écrite de Rome, le 3 mai 1808, « à son ami Lesseps, » qu'il avait connu en Espagne.

« Je vous annonce, mon cher consul, que dame Lucine, qui, comme tout le monde le sait, protège les petits enfants, vient de m'accorder le plus gros garçon qu'il soit possible de voir. Trop heureux s'il ne nous donne pas plus de chagrin dans la suite qu'il n'a causé de douleurs à sa mère… Voilà un homme de plus sur la terre. Il verra de belles choses! Du moins il pourra se dispenser d'être acteur dans cette tragi-comédie où nous jouons un si pénible rôle, vous et moi, depuis vingt ans. La fortune lui permettra de n'en prendre qu'à son aise. Je ne vous dis rien de Rome; pour en rire, il faudrait en être éloigné. Depuis trois mois, je crois être dans l'antre de Trophonius, d'où en sortant, dit-on, on avait perdu l'envie de rire. Je suis bien sûr de la trouver quand je n'y serai plus. Mon collègue Dutruy a écrit au général Miollis qu'il s'ennuyait beaucoup à Livourne et qu'il voudrait bien être encore à la division… Nous avons une gazette que vous recevez sans doute et qui vous apprend comme quoi on danse et on dîne chez le général Miollis, ce qui ne rend pas la ville ni plus gaie ni plus sûre, car en sortant de chez lui il faut se faire escorter, crainte d'être assassiné en route... Comment trouvez-vous ce qui se passe en deçà et au delà des Pyrénées? Nous aurions pu en prévoir une partie quand nous étions à Cadix... »

Courier fréquenta la maison hospitalière de Lesseps, la seule où il pût, à Livourne, étant donnés les événements politiques, rencontrer une société cultivée, car pour bien des raisons il se sentait peu le goût de frayer avec le monde officiel et les officiers généraux, qui le tenaient, en tant que soldat, en médiocre estime. Un billet inédit, daté du 12 novembre 1808, indique par son ton familier la cordialité des rapports qui existaient entre le chef d'escadron disgracié et la famille de Lesseps. Le voici :

« L'artillerie à cheval prie M. le consul d'agréer le bon jour et le *ben levato* qu'on lui souhaite. On le prie encore d'envoyer au commandant son *Journal de l'Empire*, les dernières feuilles s'entend, plus l'adresse de son tailleur.

« Le commandant présente à Madame ses hommages respectueux.

« COURIER. »

« A Monsieur le commissaire général des relations commerciales, à Livourne. »

Les premiers mois de 1809 s'écoulèrent sans que le ministre de la guerre daignât faire au sous-directeur de l'artillerie de Livourne l'honneur de répondre à sa demande de congé. Courier avait sollicité en même temps la faveur, pourtant peu enviable, d'être employé à l'armée d'Espagne, dans l'espoir qu'en traversant la France pour rejoindre son poste il pourrait s'échapper un moment du côté de Paris ou de Véretz. On ne lui répondit pas davantage. La mesure était comble. Courier se décida à aller à Milan tenter une démarche personnelle à la cour du vice-roi. Elle n'aboutit pas. Alors il prit un parti héroïque, et, chargeant le major Griois de faire ses adieux à ses camarades du 4ᵉ régiment d'artillerie à cheval, sur les contrôles duquel il était toujours porté à Vérone, il donna sa démission, le 10 mars 1809, pour reconquérir sa liberté et se consacrer entièrement aux lettres. Il avait alors trente-sept ans.

LA COMTESSE D'ALBANY ET UGO FOSCOLO

(1813-1815)

Lorsque M. Saint-René Taillandier occupait une chaire à la Faculté des lettres de Montpellier, il eut l'occasion de consacrer une étude à la comtesse d'Albany en dépouillant les papiers d'Alfieri, légués par le peintre Xavier Fabre à sa ville natale. Un Allemand, M. de Reumont, a écrit de son côté, vers la même époque, un livre sur la veuve de Charles-Edouard. Les érudits italiens ne pouvaient laisser les étrangers s'occuper seuls de cette femme qui fut une des reines de Florence : M. le professeur Antona-Traversi, auteur d'intéressants ouvrages sur Ugo Foscolo, vient de donner, de concert avec M. Domenico Bianchini, un volume[1] de lettres inédites adressées de 1813 à 1815 par la comtesse à l'auteur de *Jacopo Ortis*. Ces lettres sont tirées des papiers de Foscolo conservés à la Bibliothèque nationale de Flo-

[1] Rome, E. Molino, éditeur 1887.

rence, et de la *Biblioteca labronica* de Livourne. M. Antona-Traversi a placé en tête de son volume une curieuse étude où l'épouse morganatique d'Alfieri est fort maltraitée. C'est la revanche d'un Italien contre une italianophobe.

I

Avant de parler de cette correspondance, il est indispensable de rappeler quelques dates.

La princesse Louise de Stolberg, comtesse d'Albany, femme du prétendant Charles-Edouard, était née à Mons en 1752. Elle ne put vivre longtemps, comme on sait, avec un mari dont l'ivrognerie était le moindre défaut, et, en 1777, elle associa sa vie à celle de Victor Alfieri. Quand, en 1788, à trente-six ans, elle fut libérée du mariage par une bienfaisante attaque de *delirium tremens*, Alfieri l'épousa secrètement et vécut avec elle jusqu'à sa mort, survenue en 1803. A ce moment, la comtesse venait de dépasser le demi-siècle.

Un jeune peintre français, Xavier Fabre, qui accomplissait auprès d'elle un stage amoureux depuis 1790, devint titulaire de la charge après un surnumérariat de treize ans. Le règne de Fabre durait depuis dix ans quand Foscolo entra en scène.

La comtesse d'Albany s'était installée à Florence avec Alfieri en octobre 1793, dans un petit palais du Lung-Arno, en face du pont de la Trinité. Son salon devint promptement célèbre, et elle sut toujours conserver les hôtes distingués qu'y avait attirés la renommée du grand tragique italien. La comtesse possédait au plus haut point l'art de recevoir, et Fabre l'aidait dans cette tâche, même au temps de son surnumérariat, grâce à son érudition et à la spirituelle éloquence dont Paul-Louis Courier nous a conservé l'écho dans une merveilleuse *Conversation*.

Les jolies femmes, étrangères ou italiennes, rassurées par l'âge de la maîtresse du logis dont elles ne pouvaient craindre la rivalité, s'empressaient dans un salon très favorable aux intrigues amoureuses. Les *forestieri* déjà illustres ou destinés à le devenir s'y faisaient présenter à l'envi. Byron y promena son ennui ; c'est là aussi que Chateaubriand et Lamartine lurent, l'un les principaux épisodes des *Martyrs*, l'autre ses premières ébauches poétiques. Nous donnons plus loin leur opinion sur la nymphé du lieu.

A la fin d'août 1807, un nouveau venu fit son apparition au palais du Lung-Arno. C'était un homme dans la force de l'âge, un poète pessimiste amoureux de l'indépendance italienne, passionné pour la politique comme pour la littérature et pour les femmes, incapable de résister à aucun entraînement, impatient de toute direction et de toute discipline ; au demeurant, accablé de bonnes fortunes, malgré sa laideur. L'auteur de *Jacopo Ortis*, le Werther italien, arrivait de Milan, chassé par les fièvres, par la jalousie féroce du mari de la Bignami, sa plus incurable passion, et surtout par l'insuccès de la tragédie d'*Ajax*, froidement accueillie du public de la Scala, et où la censure, pour comble de malheur, avait voulu voir des allusions séditieuses en reconnaissant Napoléon, Moreau et Pie VII dans Agamemnon, Ajax et Calchas.

Ugo Foscolo était né à Zante, en 1777, d'une famille vénitienne établie aux îles Ioniennes. Comment, adoré à Milan, à Venise, à Bologne, à Florence, et par de si beaux yeux, se laissa-t-il séduire par la veuve de Charles-Édouard et d'Alfieri, qui avait alors atteint la soixantaine, et, malgré les restes d'une incontestable beauté, ne pouvait certainement pas rivaliser avec d'autres maîtresses plus jeunes et plus belles? Déjà en 1791, Horace Walpole avait signalé chez elle l'implacable atteinte des années. Dès 1804 elle avait des cheveux blancs. En 1803, Chateaubriand la dépeignait en ces termes: « taille épaisse, visage sans expression, air commun. Si les femmes des tableaux de Rubens vieillissaient, elles ressembleraient à madame d'Albany [1]. »

Bonstetten, qui avait connu la comtesse à Florence en 1774, écrivait de son côté juste au

---

[1] *Mémoires d'Outre tombe*, IV, 527.

moment où Ugo Foscolo entrait en scène : « Trente-trois ans après je vis celle que j'avais laissée bouton de rose. Je la revis à Florence en 1807. Heureusement le jour baissait. C'était bien sa voix, c'était un peu son regard ; tout le reste était d'une vieille femme. »

Du reste le portrait de la comtesse peint par Fabre en 1797, actuellement au musée de Montpellier, est loin d'être flatteur. Aussi n'est-il pas étonnant que Lamartine, en 1810, enregistrât ainsi son impression : « Rien ne rappelait en elle ni la reine d'un empire, ni la reine d'un cœur. C'était une petite femme dont la taille, un peu affaissée sous son poids, avait perdu toute légèreté et toute élégance. Les traits de son visage, trop arrondis et trop obtus aussi, ne conservaient aucune ligne pure de la beauté idéale ».

La comtesse d'ailleurs ne se faisait pas la moindre illusion sur son propre compte. Le 17 juillet 1807, au moment de sa rencontre avec Foscolo, elle écrivait à un de ces correspondants ordinaires, le baron de Castille : « A notre âge, on peut sans scrupule parler de ses sentiments d'amitié. Personne ne nous soupçonne d'autre chose. Si j'étais italienne je serais assez folle pour encore chercher des amants ; mais grâce à Dieu je regarde l'amour et ses folies comme les temps fabuleux[1]. »

---

[1] Le baron de Castille habitait le château d'Argilliers, dans le Gard. Il avait connu la comtesse d'Albany en 1778

Quel fut le caractère précis de ces relations nées si rapidement entre l'auteur des *Sépulcres* et sa nouvelle conquête ? Celle-ci, dans sa lettre du 5 août 1813, écrivait bien à Foscolo : « Je conviens que vous valez mieux pour ami que pour amant ; mais, comme à mon âge on est au port, vous me convenez fort. » Néanmoins nous croyons, quoiqu'il ne reste pas trace de ce sentiment dans leur correspondance, qu'au moins dès le début c'est bien la femme qu'aima Foscolo dans la comtesse d'Albany. Foscolo, comme tous les don Juan de race, ne se montrait pas trop difficile, tenant à la quantité plutôt qu'à la qualité. Peut-être pensait-il avec la duchesse de Chaulnes, se remariant avec M. de Giac, qu'une duchesse n'a jamais que trente ans pour un bourgeois ; une reine à plus forte raison.

à Florence, et la revit à Paris en 1787 quand elle y vint avec Alfieri. Il demeura son ami et son correspondant. M. G. Charvet a publié dans les *Mémoires et Compte-rendus de la Société scientifique et littéraire d'Alais* (année 1876, tome VIII, 2e bulletin, et année 1877, tome IX, 1er et 2e bulletins) une étude sur la correspondance inédite de la comtesse d'Albany avec le baron de Castille, excessivement curieuse. Le dernier représentant de la famille de Castille a mis à la disposition de M. Charvet cent cinquante-six lettres inédites de la comtesse, écrites entre le 23 mars 1804 et le 19 octobre 1824, c'est-à-dire pendant la période occupée par le règne d'Ugo Foscolo. Il serait intéressant de collationner cette correspondance avec celle que reçût l'auteur de *Jacopo Ortis*. Les mêmes événements y sont jugés à la même date, à peu près dans les mêmes termes. Remarquons toutefois que dans ses lettres à un Français, la comtesse juge moins dûrement les Italiens que dans celles adressées à Foscolo.

Il pouvait bien, sans croire déchoir, ajouter à sa liste des *mille e tre* une femme sur le retour, quand cette femme, d'ailleurs charmante, était une reine doublement couronnée, la veuve du dernier Stuart et du premier tragique italien. Toujours est-il que Foscolo s'établit à la fin de 1812 près de la comtesse d'Albany, s'installa à demeure dans sa bibliothèque enrichie des papiers d'Alfieri, sans se soucier trop des droits acquis de Xavier Fabre que, du reste, la goutte tenait la plupart du temps en respect.

II

Si la comtesse n'avait jamais été qu'une simple amie pour Foscolo, on peut supposer qu'il n'aurait pas pendant trois ans supporté les railleries cruelles que nous allons relever dans la correspondance inédite publiée par M. le professeur Antona-Traversi. Ces lettres, écrites en mauvais français et adressées au poète, qui quitta Florence en 1813, d'abord pour rejoindre à Milan sa passion chronique et aiguë à la fois, la Bignami, ensuite pour se réfugier en Suisse après le retour des Autrichiens en Lombardie, ne prouvent pas précisément en faveur de celle qui les a signées. Au début, on trouve bien quelques témoignages d'affection sincère, comme, par exemple, quand la comtesse écrit à Ugo, le

27 novembre 1813 : « N'oubliez pas une personne qui vous aime par inclination et vous estime par réflexion. » Mais bientôt, sauf quelques bons conseils d'une sagesse un peu froide et terre à terre, tels que des invitations à l'économie, « mère de l'indépendance », régulièrement prodiguées au plus panier-percé des poètes, toujours préoccupé de jeter de la poudre aux yeux du public, cette correspondance devint singulièrement futile et banale. Du moins la plus large part en est-elle consacrée à des commérages de salon. La comtesse d'Albany tenait Foscolo au courant des faits et gestes de ses nombreuses maîtresses, non sans malignité peut-être. L'une engraisse, sans cesser pourtant d'être succulente (*sugosa*), l'autre « ressemble à une déterrée, une de ces saintes qu'on voit sur les autels ». Une troisième devient « malingre »; deux autres se consolent avec le tiers et le quart. Voilà pour les « Grâces » de Florence. Mais Ugo en possède d'autres ailleurs. « A propos de vos Grâces, lui écrit-on le 5 août 1813, vous devriez être plus raisonnable ; sans cela, vous vous tuerez. Conservez toutes vos facultés pour les Muses. N'en donnez qu'une très petite partie aux Grâces. Contentez-en une par semaine. » La comtesse fait pourtant avec un désintéressement admirable des vœux pour les conquêtes amoureuses de son jeune ami. Elle s'intéresse surtout à ses amours avec Maddalena Bignami, de Milan, sa passion invétérée, en puissance d'un mari épouvantablement jaloux. « Il est triste, dit philosophique-

ment Mᵐᵉ d'Albany, de ne pouvoir jouir de la société de la femme que vous aimez. Vous ne pouvez pas cependant oublier qu'elle appartient à un autre... et que dans ce pays (à Florence) vous lui avez fait une infinité d'infidélités... [1] » Et quelques jours après, au sujet de la même Bignami la correspondante d'Ugo lui expose *ex professo* la morale courante des bords de l'Arno, où, suivant elle, les maris tiennent maison close pour tous, sauf pour le cavalier servant de leur femme, et où, par contre, les femmes permettent à leurs époux les filles de théâtre, ne leur interdisant que les femmes du monde. « On ne peut pas moralement lutter, écrivait-elle le 27 février, contre les droits d'un mari. C'était à vous de le tromper, si vous pouviez. Vous n'avez pas su ; il faut en subir la peine. »

III

Ugo Foscolo écrivait de son côté assez régulièrement à la comtesse d'Albany. Il lui faisait part de ses nobles rêves d'affranchissement de l'Italie, au moment où la chute de Napoléon remettait en question les destinées du monde. Ugo prit les armes pour la cause de l'indépen-

[1] 13 février 1814.

dance ; au commencement de 1814, il adressait à la comtesse une lettre enflammée de patriotisme, parlant de sacrifier sa vie pour son pays. Voici la réponse réfrigérante qu'il recevait de Florence : « Je vous conseille de mettre de l'eau dans votre vin. Il est inutile de se tourmenter pour les autres. Peu de gens méritent qu'on leur fasse le plus petit sacrifice, et surtout la multitude » (2 février 1814.) La veuve d'Alfieri prodiguait à son bouillant ami des lettres désespérantes, où la froide raison s'alliait à la raillerie et où s'affichait un profond mépris des Italiens : « Ils ne sont pas mûrs ou sont trop corrompus pour faire une nation, écrivait-elle le 13 mai 1814. Ils auraient besoin d'un homme comme celui de l'île d'Elbe, qui les aurait fait aller à coups de pied et de baïonnette. » Et le lendemain : « Soyez raisonnable, renoncez à vos chimères. Vous ne connaissez pas assez vos chers compatriotes. Le monde ne vaut pas la peine qu'on se tourmente, et les hommes ne sont dignes que du mépris. »

Le 19 mai, sur le même sujet : « Vos chers amis ne savent pas ce qu'ils veulent... Ils croient que le monde entier doit travailler pour eux, et ils ne voudraient pas sacrifier un *paul* ni un homme pour obtenir quel gouvernement que ce soit... Aussi sont-ils et seront-ils éternellement la proie de celui qui les voudra prendre avec une force majeure. C'est le sort des pays corrompus et égoïstes, dont les habitants sont dévorés au plaisir et à la fainéantise monacale, et dont l'éducation est négligée... Si l'Attila moderne avait pu continuer à tyranniser l'Europe encore dix ans, peut-être l'Italie aurait-elle acquis un peu d'énergie. Mais à présent elle va retomber dans son apathie, et ses habitants se dévoueront de nouveau au servage de la *Madonna celeste* et des *Madonne terrestri* ».

Ces appréciations sévères jusqu'à l'injustice n'étaient pas une simple boutade sous la plume de la comtesse d'Albany. On n'a qu'à parcourir sa correspondance avec l'auteur de *Jacopo Ortis* pour trouver la même idée reproduite à satiété : « Dans votre pays, c'est une folie de se mêler des affaires des autres. » (9 juin 1814.) « En Italie, on ne connaît que l'*écu*, c'est-à-dire ceux qui en ont. Pardonnez-moi ; les Italiens en général ont l'âme vile, ne connaissant pas la gloire, et ils ne sont pas capables de sacrifier la moindre chose. » (2 septembre 1814.) « Vous devriez vous être aperçu depuis longtemps que l'Italie était moisie, pour ne pas dire autre chose. » (21 octobre 1314.) Et le 6 janvier 1816 ; « Le monde est trop corrompu pour être digne de la liberté, surtout les Italiens. »

IV

On devine quel effet ces déclarations méprisantes, si étranges chez la veuve d'un patriote, devaient produire sur l'esprit d'un homme qui avait voué un culte passionné, sinon exclusif, à la renaissance de la patrie italienne. Les liens qui avaient un moment uni Foscolo à la comtesse d'Albany se relâchaient peu à peu. Dès la fin de 1814, les journaux de Florence parlèrent d'un prêt d'argent fait par la comtesse à son correspondant, et celui-ci imputa toujours à la comtesse cette indiscrétion dont son amour-propre souffrit profondément. D'ailleurs une femme qui avait voué à Ugo une affection désintéressée et sans limites, Quirina Magiotti, la *donna gentile* du poète, sa Béatrice idéale, obéissant peut-être à un sentiment de jalousie inavoué, cherchait à dessiller les yeux du patriote sur le compte de Mme d'Albany. Elle y parvint, puisque, dans une lettre adressée à la *donna gentile*, Foscolo, en 1815, traite déjà la princesse de *donnaccia*, vilaine femme. Du reste, le poète ne pouvait guère se faire d'illusions. Le 13 août 1815, pendant qu'il était obligé de fuir et de se cacher en Suisse, la comtesse d'Albany lui adressait dans son exil une lettre dont la froideur le désola. « Il vous a plu, disait-elle, d'errer dans les montagnes. Si cela vous a amusé, vous avez bien fait ; quant à vos discours (les *Discorsi sulla servitù dell' Italia*, publiés à cette époque), vous n'apprendrez rien au public ». Et, le 22 mai 1816, à propos du bruit du suicide d'Ugo qui avait couru à Florence, elle lui écrivait ces paroles outrageantes : « Vous aimez trop la bonne chère et les agréments de la vie pour y renoncer. » La correspondance ne pouvait pas continuer sur ce ton. Le dernier billet de la comtesse, court, sec et froid, signé : « Louise d'Albany, » est daté du 30 décembre 1819. Le « cher Ugo » est devenu « mon cher monsieur ». Foscolo répondit... en novembre 1821. C'était le post-scriptum d'un roman qui ne manqua pas d'étrangeté.

UN HISTORIEN ITALIEN

DE LA RÉVOLUTION FRANÇAISE

Lazare Papi

Les ouvrages d'ensemble écrits par des étrangers sur l'histoire de France ont rarement une valeur sérieuse, pour diverses raisons qu'il serait trop long d'énumérer. Il n'est pourtant pas de règle sans exceptions, et voici une exception des plus honorables. Le nom et les œuvres de Lazare Papi étant peu connus en France, on nous permettra de leur consacrer quelques pages. Aussi bien l'existence de l'auteur des *Commentaires de Révolution française* a-t-elle tout l'imprévu d'un roman d'aventures.

I

Lazare Papi naquit, le 23 octobre 1763, à Pontito, petit village des environs de Lucques. Ses parents voulant faire de lui un prêtre, ambition commune alors à tous les paysans aisés de la Toscane et des régions voisines, l'envoyèrent au séminaire de Lucques. Il y montra un tel goût pour les lettres profanes, surtout pour le grec, que sa famille renonça à son premier dessein, et lui permit de jeter d'avance le froc aux orties. Le jeune Lucquois, libre de choisir sa vocation, se rendit d'abord à Naples (1783), où la misère le força à s'engager pour quelques temps dans les troupes royales. Mais le métier ne lui convenait guère ; il revint dans sa patrie en 1785 et commença à étudier la médecine, avec tant de succès que son père le fit entrer à l'université de Pise (1787). Il fut bientôt attaché à l'hôpital Grand-Ducal, grâce à la protection de son maître le célèbre Berlinghieri, sans négliger toutefois la littérature, car il composa au chevet des malades une tragédie intitulée *Cléarque* (1791), et s'assimila à fond la langue anglaise en fréquentant les familles étrangères attirées sur les bords de l'Arno par la douceur du climat.

Papi s'était marié en 1789, par amour ; il perdit bientôt, presque en même temps, sa femme et son vieux père ; de désespoir, il s'embarqua à Livourne comme chirurgien à bord d'un vaisseau en partance pour les Indes (1792). Arrivé à Calcutta, le médecin lucquois, grâce à sa connaissance de l'anglais, put gagner honorablement sa vie, et il fut appelé à donner ses soins au roi de Travancore qui l'attacha à son service avec le grade de capitaine (1794). Il était écrit que l'ancien soldat malgré lui de Naples porterait l'épaulette. Devenu colonel, Papi prit part à la guerre contre Tippo-Saïb en qualité de commandant d'un corps indigène de trois à quatre mille hommes allié de la Grande-Bretagne. Après avoir employé dix ans à étudier l'Inde, le médecin-colonel abandonna brusquement une situation qui lui assurait les honneurs ainsi que la fortune, et, changeant une fois de plus l'orientation de sa vie, il revint à Lucques en octobre 1802.

Dégoûté par le spectacle des divisions de sa patrie, il fut sur le point, dit un de ses biographes, de retourner au Bengale. Il resta pourtant en Italie, où d'imprudentes spéculations lui enlevèrent tout l'argent qu'il avait rapporté d'outre-mer. La princesse Élisa Bacciocchi le sauva de la misère en le nommant d'abord bibliothécaire du Palais, ensuite conservateur du musée de sculpture de Carrare. Lorsqu'Élisa fut dépossédée à la suite des événements de 1815, Marie-Louise, ex-reine d'Étrurie, qui lui succéda comme duchesse de Lucques, mit Papi à la tête de la Bibliothèque publique de sa capitale. Il passa là une vingtaine d'années dans une laborieuse retraite, en correspondance suivie avec un grand nombre de savants d'Italie, d'Angleterre et de France, publiant des travaux d'érudition, jusqu'au jour où, en 1833, le duc Charles-Louis, successeur de sa mère Marie-Louise, lui confia l'éducation du prince-héritier Ferdinand. Mais la mauvaise santé du précepteur ne lui permit pas de poursuivre bien loin cette nouvelle tâche. A la fin de l'année suivante, Papi fut atteint d'une inflammation de poitrine ; de ses études médicales il avait conservé une défiance invétérée de la médecine : il refusa tous les remèdes et mourut le 25 décembre 1834 à l'âge de soixante-onze ans.

Il laissait un bagage littéraire considérable, composé de traductions anglaises, latines ou grecques, celles notamment de l'*Igea* d'Amstrong (1806), du *Paradis perdu* de Milton (1811), du *Manuel d'Épictète* (1812), de la *Navis ragusina* de Gagliussi (1819) ; et des ouvrages originaux : les *Lettres sur les Indes orientales* (1802), sans compter les *Commentaires de la Révolution française*. C'est de ses *Commentaires*, son œuvre capitale, que nous voulons parler.

II

A quelle époque de sa vie Papi entreprit-il cet ouvrage ? Ses biographes n'en disent rien ; mais on peut suppléer à leur silence en consultant les *Lettere inedite di Pietro Giordani à Lazzaro Papi*, publiées à Lucques en 1851. Giordani fait allusion une première fois aux *Comentarii* dans une lettre du 27 janvier 1820, où il dit à son ami : « Je t'encourage et t'encouragerai toujours à ne pas abandonner cette belle et grande entreprise. Elle est difficile, sans doute ; mais on sait que χαλεπα τα καλα. Cependant les difficultés ne sont pas telles que mon cher Papi ne puisse les vaincre... » Le 29 mai de la même année, Giordani demande à son correspondant où il en est de son grand ouvrage. Papi avait donc commencé son travail avant 1820.

Quoique voué de préférence à des travaux littéraires, il résolut sans doute d'écrire sur la Révolution pour montrer à ses concitoyens asservis comment un peuple conquiert la liberté. Seulement il dut commencer sa publication par la fin. En effet, la seconde partie (six volumes), qui s'étend de la mort de Louis XVI au rétablissement définitif des Bourbons, fut publiée d'abord à Lucques, chez Giusti, en 1830 et 1831. Elle obtint un grand succès de curiosité et certainement aussi, auprès des classes privilégiées, de scandale. L'Académie *della Crusca* lui accorda en 1835 (après la mort de l'auteur) son prix quinquennal. Mais c'est seulement plus tard, en 1836, que les trois premiers volumes (de la convocation des états-généraux à l'exécution de Louis XVI), composés depuis longtemps, sortirent des presses de Fabiani, imprimeur à Bastia. Le marquis A. Mazzarosa, dans une notice nécrologique publiée en 1835 par le journal *il Progresso* de Naples, et reproduite avec quelques modifications en tête du tome premier, dit seulement que l'auteur adopta ce genre de publication tronqué, au moins original, et garda par devers lui jusqu'à sa mort sa première partie, *per adattarsi al tempo e al luogo*. Dans une lettre du 15 février 1827, Giordani écrivait à son ami :

« Tu ne me sembles pas *fou* pour ton projet d'impression. Certes on pourrait, on devrait même peut-être faire autrement, si nous vivions en d'autres temps ou d'autres pays. Mais en de telles circonstances, ton projet (d'imprimer d'abord la fin des *Commentaires*) est raisonnable et presque nécessaire. Il t'épargne beaucoup de temps et beaucoup d'ennuis. Je crois qu'il serait beaucoup mieux de dire simplement que cette partie-ci s'imprimera en Italie et que la précédente se donnera à l'étranger. Ainsi tous les lecteurs seront persuadés et satisfaits. »

Papi, fonctionnaire au service de l'arrière-petit-fils d'une fille de Louis XV, eût-il voulu livrer immédiatement à la publicité des pages où, comme nous le verrons, le roi et la reine de France étaient jugés sans excès d'indulgence, qu'il ne l'aurait pas pu. Le duc Charles-Louis, dont le rôle politique a été si sévèrement jugé par l'histoire, jouait bien à cette époque au prince libéral ; il donna la preuve de cette fantaisie passagère par le choix du précepteur de son fils ; mais on aurait couru grand risque à prendre son libéralisme trop au sérieux.

Remarquons pourtant que certains passages

de la seconde partie, notamment à propos de Marie-Antoinette, sont des plus vifs. Charles-Louis ne protesta pas après coup. Il est vrai que la censure avait fait préventivement de nombreuses coupures, s'il faut en croire Giordani (lettre du 30 octobre 1830). C'est la censure qui, déplorant l'effet produit par la publication des derniers volumes, interdit celle des premiers.

L'ouvrage entier se compose de neuf tomes in-8°, divisés en vingt-huit livres. Pour donner une idée exacte de ses proportions, disons que cinq livres sont consacrés à la Constituante, trois à la législative, six à la Convention, sept au Directoire, deux au Consulat, quatre à l'empire et à la première Restauration, un enfin au Cent-Jours, à Waterloo et à la mort de Napoléon.

De quelle manière Papi a-t-il pu mener à bonne fin une entreprise de si longue haleine ? Il indique lui-même comme sources les Mémoires du temps, auxquels nous ajouterons le *Moniteur*, car il a fait à ce journal de larges emprunts qui donnent à certains chapitres l'aspect de l'*Histoire parlementaire* de Buchez et Roux. S'il a consulté quelques pamphlets de l'époque, nous ne pensons pas qu'il ait eu sous la main les innombrables journaux et les milliers de brochures aujourd'hui dépouillés à fond, que nul n'avait encore songé à collectionner, sauf Portiez (de l'Oise) et Deschiens. Quant aux documents des Archives publiques, personne ne pensait à les consulter et n'avait le moyen de le faire, l'accès de tous ces dépôts étant rigoureusement interdit au public. Papi parle aussi de « relations de témoins ». Quels survivants de la Révolution avait pu consulter le bibliothécaire du duc Charles-Louis, sauf pour le récit des campagnes et des événements d'Italie ? C'est une question à laquelle personne ne peut plus répondre ; et pourtant une réponse exacte et sûre serait intéressante, car on trouve çà et là, dans les *Commentaires*, au milieu des récits d'événements parisiens que tous les historiens ont reproduits l'un après l'autre d'après les documents tombés dans le domaine public, certaines anecdotes originales, certains détails pittoresques pris sur le vif, que nous ne croyons pas avoir vu ailleurs, par exemple pour la bataille des Tuileries au 10 août, les massacres de septembre, les 9 et 10 thermidor, etc. On reconnaît là des souvenirs personnels ; mais de quel témoin ?

III

Ce qu'on peut affirmer, c'est qu'à défaut de pièces inédites, Papi avait lu, la plume à la main, tous les livres écrits jusqu'en 1830 sur la Révolution. Ses amis lui signalaient tout ce qui paraissait en France et ailleurs. Ainsi, dans une lettre en date du 15 février 1827, Giordani lui indique l'*Histoire* de Thiers comme un livre « bien fait et qui mérite l'attention ». Son récit, serré de très près, est net, limpide, et le titre de *Commentaires* donné à l'œuvre est pris au sens où l'employa César. C'est bien une chronique de faits et non une série de *Commentaires* dans le genre de la pédantesque production de Mme de Staël. Dès les premières pages, l'auteur déclare très franchement « qu'il ne prend la défense d'aucun parti, mais seulement celle de la vérité manifeste et d'une liberté raisonnable ». Mais, comme il dit d'autre part qu' « en voulant raconter tant de scélératesses, la plume lui est plusieurs fois tombée des mains », on pourrait croire que son livre est entaché de réaction. C'est en quoi l'on se tromperait absolument ; car, tout en s'élevant avec énergie contre les excès révolutionnaires, Papi a une très réelle impartialité. Ses *Commentaires* sont, avant tout, un livre libéral, l'œuvre d'un patriote animé de l'esprit même de la Révolution.

Il faut admirer la pénétration avec laquelle il a jugé certains événements sur lesquels la lumière ne s'est faite complètement que beaucoup plus tard. Citons, par exemple, l'affaire de Nancy, la révolte des Suisses de Châteauvieux. Papi montre que l'émeute fut uniquement provoquée par les justes réclamations des soldats qui, volés par leurs officiers, demandaient le compte de leur masse. Nulle part peut-être ce terrible incident n'a été raconté avec autant de précision et de clairvoyance. Plus perspicace que la Constituante, l'historien italien constate que la répression impitoyable du marquis de Bouillé fut moins le triomphe de la discipline militaire que celui de la contre-révolution.

La politique des émigrés, avec leurs illusions enfantines et leurs pratiques criminelles, est jugée d'une façon définitive. Le caractère de Louis XVI est apprécié comme il pourrait l'être aujourd'hui que le personnage est percé à jour. Le procès du roi est retracé de la façon la plus complète, d'après les documents officiels, sans déclamation ni apitoiement. De même pour le procès de Marie-Antoinette, où Papi a fourni des preuves accablantes de la culpabilité de la reine, de sa complicité avec l'étranger, et à propos duquel il a indiqué le rôle néfaste de cette princesse de la manière la plus accablante. Il donne aussi un portrait très vivant de Robespierre, d'une note fort juste.

Ce n'est pas seulement à Paris que Papi étudie la Révolution. Il décrit consciencieusement toutes ses manifestations en province. Tout au plus lui reprocherions-nous un peu d'exagération dans ce qu'il dit de quelques conventionnels en mission. Des publications récentes ont réduit sur ce point à leur valeur les allégations passionnées des pamphlets thermidoriens ou royalistes. Toute la partie militaire est étudiée de très près, avec un développement considérable. Le récit des campagnes d'Italie surtout est très complet, écrit d'après les sources les plus sûres. Nous avons pu nous rendre compte de cette exactitude en contrôlant dans certaines archives italiennes plusieurs points de détail.

Quand Papi arrive à l'Empire, son récit tourne court. Il sent bien que la Révolution, dont il a voulu écrire l'histoire, est finie avec Brumaire ; remarquons cependant que le premier il a approfondi la conspiration du général Malet, publiant même *in extenso* les pièces justificatives, tous les documents relatifs à ce complot qui faillit mettre l'Empire à bas dès 1812.

On demeure surpris qu'un étranger ait pu écrire un tel livre. La première partie surtout contient des vues générales, des considérations philosophiques qui montrent un auteur à peu près exempt de préjugés. Certes, bien des détails portent la date de l'époque où cet important travail a vu le jour. C'est ainsi qu'on retrouve au cours de l'ouvrage une série de légendes apocryphes, comme celles du verre de sang de Mlle de Sombreuil, du prétendu sacrifice de Loizerolles père pour son fils, des vierges de Verdun, dont le regretté Louis Combes a surabondamment démontré la fausseté. Mais, à une époque où la critique historique était dans l'enfance, il faut excuser Papi d'avoir recueilli ces anecdotes décoratives. Par contre, en racontant la journée de Brumaire, il dément la fable napoléonienne de Bonaparte menacé par le poignard d'Arena ; il nous fait voir, au contraire, le conspirateur pâle et tremblant au milieu des représentants de la nation, suant la peur au moment où les grenadiers de Lefebvre viennent l'emporter presque évanoui. Chose rare chez un patriote italien, Papi ne s'est pas laissé séduire par le fétiche corse. Il trace un tableau saisissant de l'abaissement des caractères en France quand, à la proclamation de l'Empire, la grande masse des citoyens, lasse des orages révolutionnaires, croyait, par une singulière illusion, trouver la paix sous le régime nouveau, et se ruait vers la servitude. Il juge l'empereur sans prévention, mais sans complaisance, et cette attitude, nouvelle pour l'époque si rapprochée des événements où parurent les *Commentaires*, fut remarquée à tel point que l'auteur crut devoir se justifier de son impartialité dans une note placée à la fin du dernier volume.

En somme, avec leurs lacunes, les *Commentaires* de Lazare Papi méritent d'être lus encore aujourd'hui, et en France où ils sont absolument inconnus, et au delà des Alpes, où cette œuvre d'un des premiers historiens italiens de ce siècle est trop oubliée. Ils sont écrits dans la plus pure langue toscane, harmonieuse et élégante, avec force et avec goût, et la rare érudition de l'auteur se manifeste autant par les recherches historiques indispensables pour un pareil ouvrage que par les judicieuses citations de classiques grecs ou latins placées comme épigraphes en tête des chapitres. Les qualités de Papi lui sont personnelles ; les défauts de son livre sont suffisamment expliqués par le temps où il a été écrit et par la nationalité de l'auteur qui, étant étranger à la France, devait malaisément saisir certaines nuances qu'en matière d'histoire de la Révolution un Français peut seul pénétrer. Les *Commentaires* sont certainement la meilleure histoire de la Révolution écrite hors de France ; Carlyle ne supporte pas la comparaison avec Lazare Papi. Si l'œuvre de l'érudit Lucquois n'était pas plus étendue que celle de l'historien anglais nous aurions été tenté d'en donner une traduction. Mais, devant neuf gros volumes, il est permis de reculer, surtout quand il s'agit d'un ouvrage que, malgré ses qualités de premier ordre, la critique moderne et les travaux contemporains ont entamé sur bien des points.

FIN

ANNEXE AUX PIÈCES JUSTIFICATIVES

EXTRAIT DES MÉMOIRES INÉDITS DE SÉBASTIEN CIAMPI

Le savant professeur Alexandre d'Ancona, de Pise, a bien voulu nous communiquer l'extrait suivant du manuscrit des *Memorie Autobiografiche* inédits de Sébastien Ciampi conservés à la bibliothèque de Pistoie. Ciampi, avant d'aller occuper une chaire à Varsovie, professait à Pise. Il y fréquentait en 1815 le Consul d'Angleterre à Gênes, Johnson, ancien commissaire du gouvernement anglais près des armées coalisées, venu à Pise pour cause de santé. Par ses conversations avec Johnson, Ciampi s'était convaincu que non-seulement les Anglais avaient favorisé l'évasion de Napoléon, mais même, ce qui passe les limites de la vraisemblance, qu'ils lui en avaient donné l'idée, afin d'avoir l'occasion de vider définitivement par les armes une situation dangereuse pour le repos de l'Europe. Voici ce que dit Ciampi, à la page 484 de son manuscrit :

« Le plan imaginé (par les Anglais) pour faire rentrer Buonaparte en France, afin de le traiter, après cela, comme infracteur et violateur des engagements pris, et par suite ne pas tenir les promesses qui lui avaient été faites, a été transmis à l'anglais Johnson (par son gouvernement) pour qu'il donne son avis. Bien que jouissant de toute sa confiance, je ne parvins pas à connaître ce secret, mais je m'aperçus que dans cette dépêche on traitait une affaire de la plus haute importance, ensuite je pus comprendre de quoi il s'agissait. Le Consul ne fut pas étonné lorsqu'il apprit le départ de Buonaparte de l'île d'Elbe, et lorsqu'arriva à Pise la nouvelle que l'Empereur avait été arrêté, il riait en disant : Ce n'est pas possible. Un jour, enfin, surpris de cette indifférence, je lui dis : Monsieur le Consul, je veux vous dire ce que je pense : Si Buonaparte a pu partir de l'île d'Elbe, cela prouve que les Anglais qui le gardaient sont des sots ou des coquins (*minchioni o bricconi*), car il est certain qu'il y avait un navire pour le garder. Il me répondit aussitôt : Plutôt coquins que sots ; et il me regarda en riant. »

(L'original en italien).

TABLE DES MATIÈRES

Napoléon à l'île d'Elbe.

Pages.

AVANT-PROPOS 1

I

L'île d'Elbe et l'archipel Toscan. — Traité de Fontainebleau. — Les Commissaires de la Sainte-Alliance. — Le colonel Campbell. — Arrivée de Napoléon à Porto-Ferrajo. — Accueil des autorités. — Tournoi de platitude. — Installation provisoire. — L'armée et les finances Elbaines. — Travaux d'édilité. — La *palazzina dei Mulini*. — Réceptions. — Le jeu de l'Empereur. — *San Martino*. — L'ermitage de *Marciana*. — Une visite mystérieuse. — Madame Walewska 5

II

Froideur et abandon de Marie-Louise. — Arrivée de Madame Mère et de Pauline Borghèse. — Le comble de l'amour fraternel. — Indiscrétions domestiques et Cabinet Noir. — La « nymphe Pauline. » — Economies forcées. — Mécontentement des fidèles. 34

III

Le chevalier Mariotti, consul de France à Livourne. — Il organise la surveillance sur toute la côte toscane. Espions envoyés à Porto-Ferrajo. — Un monde de ville d'eau. Intrigants et curieux. Le « marchand d'huiles. » Ses rapports à Mariotti. 47

IV

Préoccupations de l'Empereur. — Au congrès de Vienne on se dispose à le déporter aux Açores. — Napoléon se décide à prévenir la Sainte-Alliance. — Ses pourparlers continuels avec Murat niés par le *Mémorial*. — Le capitaine Taillade. — Les patriotes italiens cherchent à appeler Napoléon pour faire l'unité de l'Italie. — Les « quatorze » — Talleyrand et Jaucourt. — La fuite décidée. — Emissaires français à Porto-Ferrajo. — Fleury de Chaboulon et Charles Albert. — Le secret de la comédie. — Autre mensonge du *Mémorial*. — Embarquement. 58

V

L'Empereur en partant met l'embargo sur toute l'île. — Lettre chiffrée du « marchand d'huiles » à Mariotti. — Incroyable incurie du gouvernement français. — Mariotti et le *Zéphyr*. — Le *Zéphyr* accoste l'*Inconstant* et le laisse passer. — Désespoir de Mariotti 78

VI

Attitude des Anglais. — Complicité probable du colonel Campbell. — Ses amours et ses excursions. — Fréquents rapports de Napoléon avec les officiers anglais. — Débats du Parlement britannique. — Castlereagh y prend la défense de Campbell. — Responsabilité de l'Angleterre 85

VII

Lapi, gouverneur de l'île d'Elbe. — Napoléon donne sa bibliothèque à la ville de Porto-Ferrajo. — Le grand duc de Toscane s'en empare. — Traces du passage de Napoléon à l'île d'Elbe. — Plaques commémoratives. — Les *Mulini*. L'ermitage de *Monte Capanna, San Martino*. — Le musée Demidoff. — Sa dispersion aux enchères à la vente San Donato. *Etiam periere ruinæ*. 96

PIÈCES JUSTIFICATIVES SUR NAPOLÉON A L'ILE D'ELBE. 110

BONAPARTE EN TOSCANE EN 1796 173

EPISODES DE LA RÉVOLUTION DE GÊNES EN 1797 . . 215

LE THÉATRE RÉVOLUTIONNAIRE DANS LA RÉPUBLIQUE CISALPINE 227

Paul-Louis Courier et Mathieu de Lesseps a Livourne en 1808. 247
La comtesse d'Albany et Ugo Foscolo. 261
Un historien italien de la révolution française. — Lazare Papi 275
Annexe aux pièces justificatives. 289

FIN

Imprimerie DESTENAY, Saint-Amand (Cher).

BIBLIOTHÈQUE CHARPENTIER
11, RUE DE GRENELLE, 11, PARIS
à 3 fr. 50 le volume.

OUVRAGES HISTORIQUES ET MILITAIRES

GÉNÉRAL E. BOGDANOVITCH

La Bataille de Navarin.................... 1 vol.

LIEUTENANT-COLONEL CANONGE

Histoire militaire contemporaine........... 2 vol.

ALFRED DUQUET

La Guerre d'Italie (1859)..................... 1 vol.
Frœschwiller, Châlons, Sedan............... 1 vol.
Les Grandes Batailles de Metz.............. 1 vol.
Les Derniers Jours de l'Armée du Rhin... 1 vol.

GALLI

L'Armée française en Égypte (1798-1801). 1 vol.

AMIRAL JURIEN DE LA GRAVIÈRE

Guerres maritimes contemporaines......... 2 vol.

POLLIO

Le Bataillon du 10 août 1792................ 1 vol.

www.ingramcontent.com/pod-product-compliance
Lightning Source LLC
Chambersburg PA
CBHW071129160426
43196CB00011B/1837